쌓아두신 은혜

시와 수필

지은이 김예바

당신의 섬세한 손길
맑은 공기 한 점에
나의 숨결이
다시 살아나요.

성미 출판사

약력

현대수필로 등단
계간 현대 수필작가회 회원
서초수필문학회 회원
YWCA 전 청소년 전화 상담
국회 전 생명 사다리 전화 상담
플로리스트

책 펴냄//2025//01//20일

지은이//김예바
펴낸 곳//**성미 출판사**
펴낸이//김성호
출판등록//2016//01//05
등록번호//720-93-00159
전화//02)802-2113(팩스겸용)
홈페이지//www.naver,com.sungmobook
주소//서울시 금천구 시흥대로6길 35-25(시흥동)
리치힐 2층 203호

ISBN//979-11-93864-10-4
정가//15,200원

잘못된 책은 구매 서점에서 교환해 드립니다.

<u>목차</u>
서문
격려사
제1부 사탕 전도
사탕 전도-1	11
사탕 전도-2	15
사탕 전도-3	17
사탕 전도-4	19
사탕 전도-5	21
사탕 전도-6	23
사탕 전도-7	25
사탕 전도-8	27
사탕 전도-9	29
사탕 전도-10	31
사탕 전도-11	32
사탕 전도-12	34
사탕 전도-13	36
사탕 전도-14	37
사탕 전도-15	39
사탕 전도-16	41
사탕 전도-17	42
사탕 전도-18	43
사탕 전도-19	45
사탕 전도-20	47
사탕 전도-21	49
사탕 전도-22	51
사탕 전도-23	53
사탕 전도-24	55
사탕 전도-25	57

제2부 택시 전도
택시 전도-1	60
택시 전도-2	65
택시 전도-3	69
택시 전도-4	72

택시 전도-5	75
택시 전도-6	79
택시 전도-7	82 |аются

제3부 시편

헤아릴 수 없는 사랑	85
인생길	87
당신의 부르심에	89
들꽃 한 송이	91
내 손을 잡아다오	92
생의 마지막 순간까지	94
행복에 관하여	95
양심의 성	96
잊음의 땅에서	97
인상	99
조약돌 연가	100
울산 바위	101
열아홉 살 꽃	103
춤추는 향수병	105
돈의 위력	107
운림산방	109
흔들리지 않는 신앙	110
은혜의 바다	111
보듬어야 할 자식 하나	112

제4부 체험수필

숨 가쁜 노파	113
성령의 역사	117
사랑의 힘	120
속을 가만히 들여다보니	125
사람이 내 안에 거하지 아니하면	130
삶과 죽음	134
마귀와 대적	138
회심	142
아름답게 채색된 영혼	148
마지막 소원	150

함께 가자	154
제5부 생활수필	
쓰임새	157
진정한 멋이란	162
시어머님의 재봉틀	167
디딤돌	171
비껴갈 수 없는 길목	175
큰 별의 꿈	177
야생화	179
발 달린 보석	184
반포천 야옹이	187
회오리바람	189
내 마음 알지	190
1과 12 사이는	196
12월의 기적	197

서문

'글을 쓰라!'

깊은 밤, 나는 이 소리에 화들짝 놀라 잠에서 깨어났습니다.

십일 년 전, 안성기도원 원장이 나에게 하나님께서 글을 쓰라고 말씀하신답니다. 나는 글에 대해서 전혀 문외한인데, 왜 글을 써야 할 이유를 모르겠다고 하나님에 대해 불편한 심기를 드러냈습니다. 제 삶에서 제가 하고 싶은 것들이 참 많기도 했습니다. 제 나름으로 글을 써야 하는 것에 뚜렷한 이유를 찾지 못해서 기도원 원장의 말을 무시한 채 삼 년이라는 세월을 덧없이 흘려보냈습니다. 그리고 깊은 밤, 하나님의 큰 음성에 놀랍고 두려운 불편함이 여전히 마음 깊이에서 방황하였습니다. 글을 쓰라는 말씀에 즉각 순종을 미루고, 또 일 년을 헤매며 요나와 같이 하나님의 눈을 피하고 싶었습니다. 나는 하나님을 부정하며 불순종을 자초한 오만한 그 자체입니다.

  나의 기쁨은 오직 주님께서 부여 하셨습니다. 거듭난 이 모습 이대로 사랑해 주시는 주님 안에서 최고의 가치와 보람을 안겨주었습니다. 예수님을 모시고 앞으로 나가는 복음의 발은 세상에서 가장 아름답다는 말씀입니다. (로마서 10장 13절~15절)

  이제는 한 영혼이 귀하고 그 소중함을 알아가는 문턱을 넘나들고 있습니다. 누군가가 나를 구원할 수 있다면 그건 주님이십니다. 세상을 사랑하는 영혼들도 살아 계신 하나님의 사랑을 체험하기를 소망하며 영적 풍요를 누리기를 기도합니다.
 글이 책으로 엮어지기까지 내밀한 망설임이 두렵게 느껴졌지만, 하나님께서 저에게 베푸신 은혜로 용기를 내어봅니다. 채찍이 되어 주신 김성호 목사님께 감사하며, 문우님들의 배려와 가족과 형제의 깊은 사랑에 마음 깊은 감사를 전합니다.

2024년 늦가을 김예바 올림

격려사

　　　　　　　형제들아, 기뻐하라. 온전하게 되며 위로를 받으며 마음을 같이 하여 편안할지어다. 또 사랑과 평강의 하나님이 너희와 함께 계시리라(고린도후서 13장 11절).

　우리는 끝없는 여정의 길을 걷고 있다. 사람이 쉬며 그림자도 함께 쉬게 되는 그 사계절 여정은, 어떤 태도로 대응하느냐에 따라 기쁨과 슬픔에 직면하기도 할 것이다.
　가야만 하는 사명의 길은 힘든 과정이다. 그러나 온갖 시련을 겪게 하는 단련은 우리를 강한 무장으로 덧입게 한다. 그 단련은 쓰디쓴 인내를 요구한다.
　우리는 등 뒤에서 밀어주는 하나님의 은덕에 힘입어 꿈을 꾼다. 그 꿈에서 깨어나면 우리는 지금까지 그래왔던 것처럼 삶을 지키는 일을 해야 한다.
　세상 철학이 끝끝내 정체를 밝혀내지 못한 모든 문제의 해답은 성경 안에 담아져 있다. 기쁨은 활력을 부풀게 하는 최고의 미덕. 피어나는 은혜의 향기 속에서 모든 사물을 화해의 눈길로 바라보게 한다. 날개 단 바람이 숲 위를 지나치자, 식물들 저마다 몸을 낮추는 인사를 한다.
　시간은 구원, 구원은 시간!

성미 출판부

쌓아두신 은혜

시와 수필
지은이 김예바

성미 출판사

제1부
사탕 전도 편

예수의 이름에 귀를 막는 자라도 그들을 축복하시고, 저 또한, 예수님의 이름을 외면하고 질시하는 자들에게 실망하거나 염려하지 않게 하소서.

사탕 전도-1
지극히 작은 발걸음

2024년 새해에는 나는 하나님께 기쁨을 드리는 자녀가 되길 간절한 기도를 드린다. 나에게 전도하라는 하나님의 말씀이 동역 목사님을 통해서 누누이 알려주셨기 때문이다.

나는 커피 사탕 5봉을 만 원에 사서 전도에 적극 뛰어들었다. 복음의 신발을 신고 나선 거리풍경은 예전과 사뭇 다르게 조용하기만 하다. 이제는 전도 지를 들고 "예수님 믿고 구원받으세요." 라는 외침이 들리지 않는다. 지옥과 천국이라는 플래카드를 들고 노방전도를 하는 사람들, 눈을 씻고 아무리 둘러봐도 자취를 찾아볼 수 없다. 지금은 자유로 풀린 상태이지만, 전염을 경계해야 하는 코로나의 기류 여전히 타고 있는 듯하다.

나는 사명(전도)에 순종하겠다는 의지를 안고 시작한 택시 전도는 십수 년 햇수가 된듯하다. 삼자에게 훼방 받을 염려도 없고, 상대방에게 하나님을 충분히 알릴 수 있는 시간적 여유가 있기도 하지만, 동시에 나도 상대방의 말에 두 귀를 열고 경청하므로, 지평을 넓히는 대화의 연결고리가 될 수 있다는 사실 앞에 진정 하나님의 오묘하신 섭리를 느낀다. 나름 택한 전도 방식, 성령님이 인도하심을 확실하게 인지하게 되었다.

길을 바쁘게 오가는 사람들은(택시 기사들) 보편적인 삶의 방식으로 주어진 일에 성실하며 직업의식이 투철하게 강하다. 인간에게 주어진 역경과 고난의 길은 누구에게나 감당해야 할 과제인 것만은 분명하다. 그들은 자신 외의 수많은 사람을 대면하면서 온갖 군상이 주는 고초를 겪었을 것이다. 인생의 연륜이 깊은 사람도 가정사에 어려움을 겪지 않은 사람은 없을 터이며, 아내와의 사별을 경험한 자는 극심한 외로움에 시달렸다. 부인이 고칠 수 없는 불치병에 걸려서 하루하루 사투하는 신음의 가정사를 들을 시에는, 내 마음도 무너지듯이 아픈데, 본인들이 견뎌내는 저력 대체 어디서 나오는지 궁금하기 짝이 없다. 누구나 사랑하는 사람을 잃으면, 상심의 고통은 오래도록 남아 있기 마련이다. 죽지 못해 살고 있다는 말이 폐부에 와닿는다.

 회사를 정년퇴직한 사람들도 제2의 인생을 위해 택시 기사로 새로운 미래를 개척하는 정신이 신선하게 느껴졌다. 균등한 직업에 종사하고 있지만, 변화무쌍한 인생사에서 삶의 목적과 방향과 형태는 삶의 질이 다양하게 분포되어 있다. 인생사는 고달프기도 하고 기쁨을 동반하기도 하지만, 영적 시각으로 바라볼 때, 우리는 하나님의 손안에서 존재한다는 사실을 부정할 수 없다. 우리가 현실과 대면하는 세월 속에서 굳게 살아가는 힘이 되는 비결의 믿음이다.

 2월 5일 오늘은 하나님께서 기쁨을 참지 못하실 것 같다. 왠지 모를 눈물이 하염없이 내 얼굴을 적시고 있다. 아무 쓸모도 없는 나를 하나님께 쓰임 받는다는 은혜에 형용할 수 없는 기쁨이 밀려들었다. 그러나 나의 지나온 삶에서 하나님께 즉각 순종하지 못한 반성에 대한 설움이 북받쳐 가슴을 쓸어내렸다.
 강남 센트럴시티에서 뉴코아백화점 방향으로 가는 노상에서 마주하는 사람에게, 즉 한 손은 사탕을 받을 수 있는 빈 손에 사탕을 쥐여 주면서 "예수님 믿고 행복하세요." "네, 네 고맙습니다." 복음을 전하는 내 마음이 날개 치듯 하늘을 날아오른다. 옷을 파는 가게는 손님 없이 주인뿐이다. 그가 기력이 처지는 무료감을 달래고 있을 때, "피곤하실 텐데 사탕 드세요. 예수님 믿고 행복하세요." "고맙습니다. 예수님 믿겠습니다." 서로 주고받는 그 말이 어찌나 고귀하고 보배 한지, 그를 하나님의 영원한 자녀로 삼으시길 기도했다.
 나는 지하 상점을 지나서 7호선 역 근처에 다다랐다. 그곳 분수대에 사람들이 옹기종기 모여 있다. 두 사람에게 예수님 믿으시라는 전도 목적으로 다가갔더니, 그녀들도 처음 대면인데, 교회와 성당의 차이점 이야기를 나누는 중이었다. 그들은 내 손을 덥석 잡으면서, 옆자리에 앉히며 일행에 끼게 했다. 신앙생활의 체험적 상황을 서로가 전하며 듣기도 했다. 교회 출석한다는 그녀는 내가 미처 생각하지 못한 하나님의 사랑을 확인시켜 주기도 했다. 유익한 시간을 보내고 손을 맞잡고 마무리 기도를 대신 올렸다.
 지하철역이 가까워 김포나 성동구, 다른 지역에서 먼 걸음을 하는 사람들이 많았다. 나는 집으로 가는 길에서도 전도를 이어 나갔다. 사탕 4봉지를 나누어 준 셈이 되었다. 이 근처에 8년 남짓 살면서 전도하지 못한 세월에 죄책감이 밀려와서 자신에 대한 분노가 치솟곤 했다. 더 젊은 나이에-건강했을 때 하나님의 말씀에 순종하지 못한 과거의 어리석음이 교차하면서, 나는 지금도 전도에 대한 사명이 늦지 않았다는 확신을 높인다.

 만 천오백 보를 걸은 나의 다리는 뻐근하였지만, 성경에는 순종이 제사보다 낫다(사무엘상 15장 22절) 말씀이 와닿는 마음에 활기가 넘쳤다. 인간은 영적 존재지만 세상 삶에 기준을 두고 있다. 그 가치를 획득하기 위해 경쟁하며 살아가고 있다.

 예수님의 사랑이 사람들을 변화시킬 수 있는 유일한 분이신 것을 믿어 의심치 않는다. 지극히 작은 발걸음 예수님께서 인도해 주시길 기도했다.

사탕 전도-2

주님!

　　　　　오늘도 예수님의 사랑을 사람들에게 전할 때, 성령의 불로 상대방의 마음을 녹여주소서. 이 세상천지가 당신의 손안에 있사옵고, 우주 만물을 창조하신 이 땅은 당신의 발등상(히브리서 10장 13절)이니, 모든 사람이 영안의 눈으로 볼 수 있는 혜안이 열리는 역사가 일어나게 하소서.

　나는 아침에 잠자리에서 일어났더니 다리와 무릎이 뻐근하고 몸살이 날 지경이었다. 전도 첫날 무리를 좀 한 게 탈이 난 모양이다. 나도 이젠 철이 들어서 열심히 하나님 말씀에 순종해야겠다는 굳은 결심을 해도 몸이 따라주지 않는 걸 실감하게 된다. 내가 주님께 순종하고자 하는 마음을 주님께서 알고 계시니 전도 할 수 있는 체력을 주시리라 믿는다.

　강남 고속 터미널 벤치에서 60대 중반쯤 되는 두 사람이 이야기를 나누고 있다. 다가서서 미소 인사로 말문을 텄다.
　"사탕을 좀 드리고 싶은데요."
　그녀들은 놀람을 금치 못해 하는 의아한 표정을 지으면서 내민 두 손으로 사탕을 받아서 손아귀에 꼭 쥐었다.
　"예수님 믿고 구원받으세요."
　"아, 네. 정말 멋지신 분이 전도하고 다니십니다."
　칭찬은 기분을 풀어주는 자양분이다. 하나님께서 사람을 통해 위로하시는 게 아닌가 싶다. 감사의 말을 남긴 그녀들에게서 돌아섰다. 그러면서 예수님만이 드러나길 기도했다.

 80대로 어림 되는 두 사람에게도 사탕을 건네면서 예수님을 믿으라고 전도했다. 그중 한 분이 길에서 먹을 것을 주면 의심이 들지 않을 수가 없다는 속내를 털어냈다.

 얼마 전 성인 남성이 학생들에게 마약 성분이 들어있는 음료수를 돌렸다는 뉴스를 접한 적이 있는데, 아마 그 사건의 배후 때문이지 않을까 싶다. 그 보도는 사회적 경악을 불러일으켰다. 흉흉한 세상이라 일면식도 없는 사람으로부터 사탕을 받는다는 것은, 의심을 살만한 소지는 된다. 말하는 도중에 기침이 터지자, 얼른 사탕을 입에 넣는다. 이런 말을 들을 수 있다는 생각은 충분히 예상한 바이다.

 "예수님의 이름을 걸고 사탕을 드렸으니 의심하지 마세요."

 오늘은 작은 언니가 격려하는 뜻으로 사탕을 사고, 점심도 사주었다. 언니 동네에서도 사탕 전도하길 권했다.

 남편이 마중을 나왔다. 고마웠다. 그녀들에게 인사를 하고 보란 듯이 남편에게로 달려갔다.

사탕 전도-3

주님!

　　　　　오늘 하루도 저에게 감사와 기쁨이 충만한 하루가 열리게 하소서. 하나님을 믿지 않은 채 생명을 상실한 영혼들이 생명의 나무가 되어 영혼이 소생하는 기쁨을 누리며, 참된 안식과 평안을 내리소서. 그들도 예수님을 믿는 믿음 안에서 살게 하소서.

　하나님은 오늘도 예비하신 분을 만나게 하셨다. 직전에 산 사탕을 받으신 분이 내 손을 잡고 의자에 앉기를 권했다. 내가 예수님을 믿고 구원받으라는 전도의 말속에 하나님께서 주시는 능력이 있어서, 사탕을 받는 자는 복이 있다는 말을 늘어놓으셨다. 나에게 격려와 위로와 용기를 부여하신 칠십 대 중반의 그녀는, 개척교회 목사님이시다. 하나님으로부터 받은 은혜를 서로 나누는 한편으로, 지나는 사람들에게 사탕을 나눠주는 본분을 잊지 않았다.
　그 목사님께서 사탕 두 봉지를 사셨다. 나는 따뜻한 차로 은혜를 보답했다. 어디서 오셨는지 내심 궁금했다.
　목사님은 춘천에서 전철을 타고 강남터미널까지 와서, 이웃에 있는 세 분의 할머니에게 드릴 선물을 준비하고 쉬고 있는 참이었다. 아침을 든든히 먹어뒀다고는 하나, 시간 때 시장기 대접 차원에서 인근 식당으로 안내했다. 주문 음식은 회덮밥이었다. 목사님은 맛있게 잘 드신 흡족감을 감추지 못하셨다. 잠시 비운 자리로 돌아온 목사님의 손에는 사탕 다섯 봉지가 들려있었다. 극구 사양하였으나, 하나님께 드리는 헌금이나 다름없다며, 전도자에게는 거절한 권한이 없다는 강요로 설득을 벌였다.

 목사님의 말씀은 만천하에 우리를 택하시고 찾아오신 하나님의 은혜는, 우리 인간의 힘으로는 갚을 수가 없기에-미약하나마 전도의 자리에서 예수님의 이름을 높이고 있는 사역이 하나님이 기쁘게 흠향하고 계신단다. 하나님은 협력해서 선을 이루시는 분이시다(로마서 8장 28절). 생면부지의 사람이라도 주님 안에서는 뜻이 모아져서, 한 영혼이라도 구원의 반열에 들어갈 수 있도록 전도에 동참하는 모습은 흠모할 아름다움이다. 언젠가 목사님이 이 자리에 오신다면, 식사도 하고 전도에도 동참하자고 의견을 모으고 헤어졌다.

 호남선으로 오면서 지방에 가는 승객들 사이로 예수님의 이름을 전했다. 노년 부부가 간단한 음식을 들고 계셨는데, 사탕을 드렸더니 손에 들고 있는 음식의 반을 잘라서 나에게 주면서 누룽지 밥이라 한다. 숟가락 반 정도 되는 그 누룽지 밥을 받고 보니 눈물이 핑 돈다. 콩 한 조각도 나눠 먹는 시대가 지금도 존재하듯이, 노부부의 애틋한 정에 감사하며 예수님 꼭 믿으라는 말에 "네" 합창이 답변으로 돌아왔다.

사탕 전도-4

주님!

저의 발길을 선하게 인도하소서. 저의 자아가 나타나지 않고, 당신의 온전하신 뜻을 밝히셔서, 그 뜻이 제 삶에 적용되어 순종하며 실천하게 하소서. 오늘도 사악한 무리를 분별할 수 있는 능력이 채워져 영적 비밀(디모데전서 3장 9절)이 깊어지게 하시고, 주님의 무한하신 권능이 나타나게 하소서. 예수의 이름에 귀를 막는 자라도 그들을 축복하시고, 저 또한, 예수님의 이름을 외면하고 질시하는 자들에게 실망하거나 염려하지 않게 하소서.

주님께서 만세 전에 택하신 백성은(에베소서1장4절) '아멘'으로 화답하게 하소서. 제 발걸음이 아무 뜻도 없이 그저 왔다가 가는 헛된 발걸음이 되지 않게 하소서.

토요일이라 사람들이 더욱 붐비는 고속버스 호남선에 대기하고 있는 예비 승객들에게 예수님의 이름을 전했다. 사람들이 무표정하고 칙칙한 얼굴에 수심이 가득해서 말을 걸기가 여간 힘든 일이 아닌 걸 느낄 수 있었다. 열 사람에 여섯 사람 정도가 사탕을 받지 않고 외면했다. 옆으로 이동하면서 예수님의 이름을 전하였지만, 역시 마찬가지다. 아직 이런 일은 없었는데, 나의 기도가 부족하지 않았는지? 의구심이 번뜩 들었다. 친절하고 고맙게 받아들인 자는, 예수님의 이름을 전하고 축복으로 화답했다.

칠십 대 정도로 보이는 남자분이 "전도하기 힘드시죠?"라는 격려로 말을 걸어왔다. 전라남도 광주행을 기다리는 중이란다. 그러면서 본인도 신앙생활을 하고 있지만, 서울에서 전도하는 모습이 지방보다 단순해 보여서 부담스럽지 않다는 말을 덧붙인다. 이 근래에 노방전도 하는 사람들 눈에 보이지 않는데, 열심히 하라며 손을 흔들었다.

 오늘따라 남편이 동행해 주었다. 남편은 사탕을 거절하는 사람을 볼 때, 심기가 편치 않다는 눈치를 흘렸다. 나의 얼굴이 달궈질 정도로 민망했다. 마냥 즐거움과 기쁨으로 사탕을 받고 예수님을 영접한다면, 나 또한 보람이 크고 하나님께 영광을 돌리는 일이지만, 그 또한 영혼이 회개하며 하나님의 백성이 된다는 사실에는 거리가 먼 것 같다.

 우리 부부는 인근 기독교 서점에 들러 성경 필사본을 구했다. 여러 종류의 필사본이 있었지만, 성경을 눈으로 보고 손으로 직접 필기하는 것을 골랐다. 하나님의 말씀을 늘 마음판에 새기는(신명기 6장 6절) 성경을 필사하려고 한다. 성숙하는 신앙을 위해 게으르지 않고, 맡겨 주신 사명을 성실하게 감당할 수 있도록 애를 쓰고 있다. 우리에게 주어진 시간이 그리 넉넉하지 않음을 알고 있기 때문이다.

사탕 전도-5

　　　　　　호남선 근처는 여전히 인파로 들끓었다. 오늘은 전도용 사탕을 집에 두고 왔다. 나는 사탕을 가지러 갈까 망설이다, 남편과 서점만 갔다 오기로 정했다. 어저께 산 성경 필사 노트를 교환하기 위해 기독교 서점으로 향했다. 성경을 직접 보고 쓴다는 것이 힘들게 생각되어, 손위 시누님이 가지고 계신 필사본은 성경의 글자체가 흐리기 때문에, 글 위에 볼펜으로 쓰게 되면 글이 확연하게 나타나는 그 필사본이었다.

　남편과 나도 필사를 수월하게 할 수 있을 것 같아서, 교환 후 귀가 전에 호남선 매표소 대기 의자에서 쉬기로 했다. 무릎도 아프고, 전도도 하지 않았기 때문에 마음은 홀가분하면서 긴장이 풀린 상태다. 내 가방 안에 소금 사탕이 두 개 들어 있어서 그중 하나를 남편에게 주고 내 입에 넣으려는 순간, 모녀가 옆자리에 앉고 싶어 한다. 우리 부부는 옆으로 자리를 옮겼다. 나는 남편의 사탕을 받아서 두 개를 쥐고 모녀에게 줄까 말까 망설이다가 기회를 놓쳐버렸다. 엄마가 앉자마자 바로 옆에 있는 편의점으로 먹을거리를 사러 갔다. 예수님을 전도할 기회를 저버린 후회가 밀려들었다. 나와 남편은 목마른 터라 사탕의 단맛에 젖었다.

　집으로 돌아오면서 생각에 잠겼다. 의자에 앉아 있는 사람들에게 예수님의 사랑을 전하는 건 어렵지 않으나, 문제는 수시로 바뀌는 새로운 사람들에게 예수님을 전하는 과정의 대화가 조금은 길어질 수 있다는 감안이다. 오늘 상황의 실패를 거울삼아 앞으로는 외출 때마다 사탕을 가방에 꼭 넣고-준비를 갖추자는 결심을 다졌다.

 나는 집으로 돌아와서 잠깐 생각에 잠겨다. 고속버스를 기다리고 있는 사람들의 안색이 왜 그리 침울하게 무표정한지를 생각했다. 그들은 서울과 지방을 오가는 일에 분명한 목표가 있을 터이다. 즐겁게 축하해야 할 자리나, 슬픔에 잠긴 장례식 조문 등등의 용무로 먼 길을 오를 내릴 것이다. 또한, 중요한 업무나 신체 어떤 병을 치료하려 큰 종합병원으로 향해가든지, 친지와의 약속 등 일상다반사를 느낄 수 있었다. 이렇다 보니 대부분 전도 사탕을 받는 여유가 퇴색된 듯하다.

사탕 전도-6

주님!

　　　오늘도 저 혼자가 아니라, 성령님과 동행하는 강한 힘이 저의 손을 잡고 있음을 알게 하소서. 전도하는데, 육신의 아픔이 걸림돌 되지 않게 하소서. 불안과 염려를 물리쳐 주시고 주님께서 주시는 능력 안에서 모든 일을 감당하게 하소서(빌립보서 4장 13절)'.
　'내 영혼아, 여호와를 송축하며 그의 모든 은택을 잊지 말지어다. 그가 네 모든 죄를 사하시며, 네 모든 병을 고치시며, 네 생명을 파멸에서 속량하시고, 인자와 긍휼로 관을 씌우시며, 좋은 것으로 네 소원을 만족하게 하사, 네 청춘을 독수리같이 새롭게 하시는 도다(시편 103편 2~5절). 이 말씀으로 저의 영과 육이 새롭게 하소서.'

　집에서 점심을 먹고, 고속버스 지하상가 7호선 방향으로 가서, 만원에 사탕 5봉지를 사 들고 예수님의 이름을 전했다. 어저께 호남선에서 대기하고 있는 사람들의 인상이나 표정이 사뭇 다르다는 게 확연한 차이를 느낄 수 있었다.
　지하상가에 감도는 분위기는 화기애애했다. 서너 명씩 모여서 커피잔을 기울이며 담소하는 무리가 곳곳마다 자리 잡고 있었다. 쇼핑하러 온 사람들이 분수대 앞에서 휴식을 취하고 있는 모습이 정겹게 다가왔다. 오후 2시에서 4시 사이 간은 대체로 식사를 마친 시간이다. 그 여가로 차를 마시거나 군

것질도 하는 보편적인 시간대라 할 수 있다. 옆자리에 앉아서 예수님의 이름을 전하면서 축복한다. 서로의 얼굴들이 오래된 친구처럼 푸근한 친밀감이 기쁨을 안겨줬다. 사탕 전도에 힘이 되었다.

택시를 타고 집으로 돌아가는 길에 기사에게 예수님 믿고 계시는지 물었다. 시간이 없어서 교회를 가지 못한다는 답변은, 역으로 예전에 예수님을 믿었다는 암시이다. 3년 공백 기간이 있었다고 한다. 부인과 아이들도 말없이 교회 출석이 거부되었다. 가족들이 신앙이 자라지 못하고, 열심을 내지 않고 교회 문턱만 들락거린 셈이었다.

하나님은 언제나 자녀들이 하나님께로 돌아오기를 기다리고 계신다. 지금도 때가 늦지 않으니 집 근처 교회에 가서 목사님 설교를 들어보라고 전도했다. 교회를 잘 선택해야 신앙이 자랄 수 있기 때문이다. 이단 교회를 잘 분별하고 장로교나 감리교, 성결교, 침례교, 순복음교회를 추천했다. 집하고 여의도 순복음교회가 지척으로 가깝다고 해서 권면한 것이다.

하나님을 믿고 싶어 하는 열망이 잠재되어 마음이 항상 편치 않았다고 한다. 기사님과 나의 죄는 물론이고, 인류의 죄를 사해 주시기 위하여 십자가를 지신 고통으로 이 땅의 사명을 영광의 승리로 마치신 그 삼 일 뒤 부활하신 예수님의 가르침을 신앙으로 믿어야 한다고 강조했다. 자녀들의 선한 믿음 생활은 곧 부모의 영향이 크다고 전하면서 부인에게도 예수님의 사랑을 전하는 뜻에서 사탕을 드렸다.

보람되고 감사가 넘치는 한날이었다.

사탕 전도-7

주님!

　　　　육신의 아픔이 날마다 노쇠 되어가는 과정인-황혼의 자락에서 제가 주님을 위하여 무엇을 할 수 있는 존재인지 자신에게 자문합니다. 지난날들의 삶을 돌아볼 때, 주님께 기쁨을 드린 것도 없이 세상의 헛된 무가치만 추구하고 살았나 봅니다. 이제는 세상을 추구하며 지향하는 바람으로 살지 않게 하소서. 누구에게나 닥쳐올 죽음에 앞서서, 불신자들의 영혼까지 사랑하는 참된 삶을 살게 하시고, 하나님께서 저의 삶의 주관자가 되셔서, 순종하는 현장에서 하나님의 뜻을 이루어 드릴 수 있는, 보배로운 존재가 되게 하소서.
　주님께서 명하신 복음(사도행전 1장 8절)을 전하라는 말씀을 실천하여, 한 생명의 영혼이 천하보다 귀하다(마태복음 16장 26절)고 말씀하신 주님 구원의 능력은, 오직 예수님을 영접하는 믿음에서만 나타나는 사실을 알게 하소서. 불신자들의 영혼이 살아있는 기쁜 소식을 듣고 사망에서 새 생명을 찾을 수 있는 기적을 체험하게 하소서.'

　7호선 고속버스 지하상가에 오는 사람들은 오손도손 이야기꽃을 피우고 있다. 예수님을 믿는다고 하는 자들은 활짝 핀 백합을 연상케 하는 환한 미소에서 향기가 피어올랐다. 사탕도 사양하며 격려의 말도 잊지 않는다. 혼자 쇼핑하러

나온 사람도 식사하고 차를 마시며 휴식을 취하고 있을 때, 예수님의 사랑을 전하며 '아멘'으로 화답하는 자도 있다. 예전에 예수님을 믿었다가 현재는 교회에 출석하지 않는다는 자도 예수님을 다시 믿을 것이라 한다. 하나님께로 돌아가기를 간곡하게 전한다.

 나는 사탕을 전하고 마무리해야겠다고 생각할 때, 80대로 보이는 할머니가 나를 불러 세웠다. 몸이 다 아프니 기도를 요청하기에 손을 꼭 맞잡고, 예수님의 보혈로 치유의 역사가 강건하게 일기를 기도드렸다. 자녀들은 하나님을 믿지만, 할아버지가 제사를 지내고 있는 터라, 제사가 있는 날은 음식을 차려놓고 방으로 피신한다고 했다. 아들과 가끔 사랑의 교회에서 예배를 드렸다고 한다. 아직 믿음이 무엇인지 모르며, 할아버지 몰래 교회를 다녀왔다고 한다.

 초로의 나이에 가족(할머니 할아버지)이 한 신앙 안에서 한뜻이 되었으면, 자녀들에게도 짐이 되지 않았을 텐데, 아들 따라서 열심히 신앙생활 하시기를 권했다.

사탕 전도-8

주님!

　　　　　제가 전도하기 위한 내적인 고백은 두렵고 떨리는 막막함이지만, 한편으로 주님께서 저를 붙들고 계심을 깨닫고 혼자가 아님에 두려움과 불안도 사라집니다. 주님, 제 눈에 이슬이 맺힘은 주님의 한량없는 사랑으로 영원한 생명을 부여해 주셨습니다. 하나님의 자녀로 살아가게 하심을 감사와 영광을 올려드리는 참회로 솟는 열망의 기도입니다. 저의 심령 속에서 역사하시는 하나님의 인도하심이 생명력이 넘치게 하소서. 주님과 함께 걸어가는 길이 빛 가운데 거하게 하소서.

　사탕을 받은 사람 가운데, 기독교인 중에 내가 전도하는 모습이 안타까움을 느끼는 성도들도 있다. 연세가 있으신 분 같다는 말속에 측은지심이 서려져 있기도 하고, 그녀들도 전도하지 못한 죄책감도 느낀 듯하다. 전도하는 데 나이가 정해져 있는 것도 아니고, 나이가 무슨 상관이 있겠는가. 어느 교회에서 나왔는지 꼭 확인해 보고 싶다는 성도들이 더러 있다. 교회의 사명은 전도하는 것이다. 주님께서 내리신 지상명령(마태복음 29장 16~20절)이기 때문이다.
　나는 주님의 부르심에 즉각 순종하는 법을 배워가고 있다. 늦은 나이지만 하나님께 쓰임을 받는 것이 생애 최대 보람이며, 동시에 주님의 사역에 동참하는 계기가 되어 주님의 뜻을 따르는 삶을 살기 원한다.

믿음의 깊이는 하나님의 신뢰, 영적 지력이 신앙의 경륜을 성숙시키고 유연함을 내포하고 있다. 믿음이 확장되어 가는 것은 쉬지 않고, 가슴에 말씀을 새기며 하나님의 뜻 위에서 행함이 있는 성장의 속도가 진행되어야 한다. 그 믿음은 견고한 반석 위에 세워져야 함이다. 믿음의 결실이 풍성하게 익어 가는 과정 가운데 믿음에 대한 함정이 기다리고 있다는 사실이다. 그 함정은 광야의 길에 입성하게 되는 연결고리로 이어져 있다. 연단과 시련 인내라는 연결고리는 하나님과의 관계를 확고하고도 변질할 수 없는 생명의 보석을 취하는 방법이 될 수 있기 때문이다.

사탕 전도-9

주님!

전도하기 전의 마음은 두려움에 앞서지만, 성령님의 인도하심을 믿고 하나님의 크신 역사를 바라봅니다. 주님, 한 영혼을 귀히 여기시고 인자와 긍휼을 베푸시어 천국 소망을 확신하는 사람들을 만나게 하소서. 제가 많은 사람에게 구원의 기쁜 소식을 전하는 데 게으름이 없게 하소서. 은혜받을 수 있는 사람들은 때를 놓치지 않고, 구원의 반열에 입성하게 하소서. 그들을 하나님의 영원한 자녀로 삼아주시옵소서.

 사탕을 파는 주인이 나를 반갑게 맞이한다. 사탕 다섯 봉지를 샀다. 여느 때와 같이 분수대 의자에 사람들이 옹기종기 모여서 담소를 나누고 있다. 예수님의 이름을 전하는 나의 손길이 분주하다. 마음도 차츰 자신감이 생기고, 성령께서 담력도 주심을 확실하게 느낀다. 얼굴은 미소를 머금고 공손하고도 겸손한 태도로, 상황에 맞게 예수님의 이름을 전하는 내 마음속에 뭉클함이 서린다. 사탕을 받는 사람마다 거절하지 않고 받는 손길을 예수님의 이름으로 축복했다.
 커피를 마시고 있는 여섯 사람 곁으로 가서 예수님 믿고 행복을 누리시라고 했다. 사탕을 받는 손길마다 연신 고맙다고 머리를 숙이곤 한다. 예수를 믿지 않는 사람도 웃는 낯으로 예수님을 믿겠다고 시인한다. 옆에 친구도 세상살이 허무

해서 신앙생활을 하고 싶다고 고백했다. 나는 성령께서 이들의 마음을 붙들어 영혼이 구원받기를 기도했다. 복음의 비밀에는 예수를 믿으면 구원받는다는 사실이다. 세상을 사랑했던 탕자가 하나님 아버지께로 돌아오는 것을 기뻐하신(누가복음 15장 11~32) 하나님의 무한하신 사랑과 용서를 우리는 깨닫지 못하고, 자신의 안위를 더 사랑하고 있다.

 세상 기댈 곳에 영원한 행복을 찾을 수 없다는 점이다. 물질의 풍요를 누리고 건강과 권력의 힘이 있다고 만사형통의 삶이라고 단정하기 어려운 일이다. 인간은 유한의 존재이기에 믿음의 대상을 찾아 궁극적인 형통의 삶을 바라보며 나가야 한다.

사탕 전도-10

주님!

저에게 지난밤 숙면에 취하고 오늘은 상쾌한 아침을 허락하심을 감사드립니다. 아침에 일어나면 몸이 불편하여 근심으로 일과를 지낸 적 참 많았습니다. 저 자신은 연약한 존재입니다. 예수님의 보혈로 제 뼈마디마다, 세포마다 새 힘을 얻어 강건하게 하소서. 제 심령에 주님만이 주인이시며, 항상 나를 도우시는 주님을 더욱 사모하고 신뢰하며 의지하게 하소서. 제 삶이 역동적인 기쁨에 활기찬 숨결이게 하소서

 사탕 다섯 봉지를 쌌다. 분수대 쉼터에는 사람들이 둘-셋 짝지어 있기도 하고, 또는 혼자 휴식을 취하고 있다. 기분 좋은 달콤한 휴식을 즐기는 듯하다. 사탕을 예수님의 이름으로 나눠 주었더니 기분 좋게 받아 입에 넣기도 한다. 쇼핑하고 난 뒤 피로에 쌓여서….

사탕 전도-11

　　　　　토기장이신 하나님, 저를 새롭게 빚어 주사 주님의 나라를 확장하는 사명에 순종하며 감당하게 하소서. 세상만사를 저의 뜻대로 행하려는 어리석음을 용납하지 마옵시고, 거룩한 주님께 쓰임 받는 귀한 토기로 사용되어 순간마다 감격의 은혜에 젖어 주님의 세미한 음성에 귀 기울여 순종의 발걸음에 활력이 있게 하소서. 날마다 영의 눈이 열려서 주님께서 저를 위한 계획에 소명을 가지고 믿음으로 행하며 부단히 노력하게 하소서.

　작은언니가 사탕 다섯 봉지를 샀다. 응원의 점심도 사주어서 맛있게 먹은 후 나는 전도에 나섰다. 분수대 쉼터에 앉아 있는 사람들에게 다가가서 "예수님 믿고 행복하세요." 진지한 마음으로 복음을 전했다.
　"네, 예수님 믿겠습니다."
　사탕을 받으며 낸 답변이 무척 반가웠다. 예수님을 믿겠다는 사람보다, 내가 더 기쁨이 충만해져 그 손을 꼭 붙잡고 싶었다. 그 마음을 안고 그녀의 옆자리에 앉았다. 그녀는 예수님이 어떤 분인지 모르지만, 신앙생활을 해야겠다는 생각은 절실했다고 한다.
　"예수님은 신이시면서 사람의 몸으로 세상에 오셔서 인류의 죄를 사하시기 위해 십자가에서 죽임을 당하셨고, 사흘 만에 부활하신 몸으로 다시 세상으로 오셨다"라는 말을 전했다.

그녀는 "저도 죄인입니다." 뜻밖의 말이었다. 나 역시 "저도 죄인이지만 예수님을 믿고 십자가의 사랑으로 죄에서 구원해 주셨어요."

그녀는 생각에 잠겨서 무슨 말이든 듣겠다는 자세가 되어 있었다.

"우리는 이 땅에서 나그네 같은 인생을 살고 있지만, 예수님을 믿으면 영생의 복을 누릴 수 있습니다."

예수를 모르는 그녀가 죄인이라고 고백할 때는, 성령의 역사가 임하시는 순간이라 생각했다. 하나님을 믿지 않는 사람들은 자신이 죄인인 것을 망각하며 살고 있다. 상식적으로 사람들이 정해 놓은 법에 이탈하는 것이 죄라고만 인식한다.

그렇지 않다. 하나님을 모르는 그 자체로써 죄라고 성경은 분명하게 제시하고 있다. 믿음은 들음에서 난다. 그 들음은 그리스도의 말씀으로 말미암았느니라(로마서 10:13~17). 집에서 가까운 교회를 잘 선택해서 신앙생활 열심히 할 것을 권면했다. 영접하는 자 곧 그 이름을 믿는 자들에게는 하나님의 자녀가 되는 권세를 주셨나니(요한복음 1:12).

사탕 전도-12

주님!

저의 어리석은 생각에 사로잡혀 사람을 대하는 시야가 좁아지지 않도록 하소서. 한 영혼을 귀하게 여기시는 주님의 뜻을 따라 저에게도 한 영혼이 선한 열매를 맺는 기쁨에 동참하게 하소서. 제가 사람을 외모로 판단하는 어리석은 죄를 범하지 않게 하시고, 이해타산을 따져서 자신의 유익을 얻는 기만한 자가 되지 않게 하소서. 오늘도 제 마음에 성령의 충만한 기쁨이 넘쳐서 사탕을 받는 손길을 축복하소서.

 강남 고속 터미널 지하상가는 전도할 수 있는 최적의 장소라 생각한다. 날마다 새로운 사람들이 왕래하기 때문이다. 내가 전도하는 사람들을 내가 출석하는 교회로 인도하는 것이 아니라, 전도의 씨를 자유롭게 뿌리고 싶다. 열매를 맺는 것은 성령께서 인도하심이 있기를 간절히 기도한다. 이단 교회는 경계의 대상이기에 피해야 한다. 어느 장소든 동네에 가까운 교회로 출석해서 신앙생활을 한다면, 전도 받은 인생이 예수님의 사랑을 몸소 체험할 것이다.
 나는 일본 국적을 가진 젊은 여인들에게 다가갔다. 예수님 말에 눈이 동그라지면서 사탕을 받는 손길을 축복했다. 중국 사람, 이슬람 사람에게도 예수님의 이름을 전하면서 사탕을 주었다. 이슬람 여인들은 손을 미리 내밀고 사탕을 받으면서 미소와 감사를 잊지 않았다. 지하상가는 외국 사람들도 많이 왕래하는 곳이다. 외국 사람이든, 한국 사람이든 그 영혼들은 존귀하고 하나님의 형상을 입은 존재이기에 하나님의 무한하신 사랑을 함께 누려야 할 특권이 있다.

사탕 전도-13

주님!

　　　　감사합니다. 보잘~것~없이 연약한 저를 택하여 주신 은혜를 찬양합니다. 꽃이 만개한 사월은 모든 생명이 소생하는 기쁨의 잔치입니다. 자연의 변화에도 우리에게 환희를 주듯이, 사람들에게도 새 생명을 부여받는 근원이 오직 부활하신 주님께 있음을 믿고 확신하게 하소서. 주님을 구주로 고백하는 사람들이 날마다 구원의 감격에 감사와 찬양을 올리게 하옵소서.
　소망의 주님, 저에게 건강의 어려움이 엄습해도 염려하며 나약하지 않도록 강한 힘을 주시길 원합니다. 예수님의 보혈로 치유의 역사를 체험하게 하소서. 환란 가운데도 늘 저와 동행하시는 주님, 저의 미래에 대한 혼자의 생각과 계획이 주님의 뜻에 합당하지 않은 것은, 한낱 물거품에 불과합니다. 나의 걸음을 인도하시는 분은 오직 주님 한 분이십니다. 그 길이 평탄한 길이 아닐지라도, 힘든 고난의 길에 미래의 소망을 바라보며 돈독한 신앙을 지키게 하소서.

　강남 지하상가 쉼터는 오늘도 사람들의 담소로 꽃을 피우고 있다. 한편에는 혼자 휴식을 취하고 있는 사람도 많다. 사람들에게 사탕을 나눠주는 손놀림이 춤을 추는 듯하다. 예수님 믿으시라는 말을 듣고, 불쾌한 기색을 드러내지 않고 "네~네" 하는 대답이 선명하게 들려서 마음에 기쁨이 넘쳤다.

사탕 전도-14

아침에 눈을 뜨니 오른쪽 다리 근육에 통증이 느껴졌다. 요즘 다리에 힘이 빠지고 경련을 느낄 때가 자주 있다. 척추 좁음에서 연결되는 병인지 알 수 없지만, 침을 맞으면 완화되기도 한다. 한의원 원장의 탁월한 침술 치료는 오직 예수님의 능력에 의지하여 환자를 성심을 다하여 치료하고자 하는 깊은 신뢰가 들어있다. 침을 맞으면서 찬송가를 듣고 있노라면 마음에 평안이 깃든다. 집 근처에 치료를 잘 하는 한의원이 있으니 감사한 일이다.

 오늘도 주님의 은혜를 사모하며 사탕 전도를 한다. 전도 시작하기 전에는 뒤로 밀려나려는 마음이 약해질 때가 있다. 사람들이 사탕을 거절하지 않고 잘 받으면 좋을 텐데 염려된다. 예수님의 이름을 거부하는 사람들도 있기 때문이다. 그러나 염려도 잠깐 스쳐다가 사라지면서 성령이 주시는 담대한 마음을 가지고 사람들에게 예수님의 이름을 전하게 된다.
 사탕을 받는 손길이 고맙고, 예수님을 믿으라는 말에 "네"라고 대답하는 마음에 분명 성령님이 동행하신 걸 믿는다. 정말, 기적을 경험하고 있다는 사실에 눈물이 핑 돈다. 오늘은 한 사람만 거절하고 사탕을 다 받았다. 특히, 일본 사람 중에는 젊은 여자들이 많았다. 예수님을 믿으라는 말에 그녀들은 앉았다가도 일어나서 공손하게 인사를 한다. 우리나라 사람과 외형적인 구분이 잘되지는 않는다. 그녀들은 타인을 대할 때 예의 바른 행동이 상대방에 대한 품격을 높여주는 것 같다.

 사탕을 받은 모든 사람에게 예수님을 믿는 구원의 역사가 일어나길 기도한다.

사탕 전도-15

주님!

　　　　　오늘도 저에게 새날을 주심을 감사합니다. 주님과 동행하는 날들이 감격과 기쁨이 넘쳐나게 하소서. 불같이, 바람같이 성령의 역사가 임하셔서 제 마음이 정화되고 새롭게 주님을 기쁘게 해드리는 꿈을 펼칠 수 있도록 힘을 주시길 기도합니다. 주님, 저에게 세상을 감당할 수 있는 담대함과 강건함을 허락하시고, 치유의 은사를 진정으로 사모하며 저의 마음 바탕에 온전히 주님의 권능이 임하게 하소서. 세상에 악한 세력이 나를 삼키기 위해 갖은 수단으로 미혹할지라도, 예수그리스도의 이름으로 물리칠 수 있는 능력을 허락하소서. 주님, 제 연약한 손을 강하게 붙드시고, 주님께서 맡겨 주신 사명에 열심히 불을 밝히게 하소서. 어둠과 불법이 가득한 이 땅에 천국 복음을 전파하므로, 죽었던 생명들이 거듭날 수 있는 은혜를 허락하소서. 복음 듣기를 거부하고 사망의 길에 들어선(하나님을 부정하는) 메마른 인생들을 긍휼과 자비를 베푸셔서 구원하여 주시길 간절히 원합니다.
　주님, 주님의 십자가는 주님을 믿는 사람들에게는 영생의 길을 열어 주셨고, 모든 죄악을 사하여 주신 은혜의 십자가입니다. 고난의 십자가, 그 십자가의 무게는 인류의 모든 죄악을 대속하셨습니다. 이제는 저의 죄를 대속해 주신 주님을 가슴에 품으며 경배와 찬양을 올립니다. 주님의 한량없으신 사랑이 세상의 두려움도 물리쳐 주심을 믿습니다. 저를 고난의 진동 속에 머물게 할지라도 고난을 기쁜 마음으로 받게 하시고, 오직 저와 동행하시는 주님만이 피난처가 되시며, 미래의 삶까지 책임져 주심을 감사드립니다.

주님!

 오늘도 전도하는 저의 마음에 담대한 힘을 주시옵소서. 고속 터미널 지하상가 7호선 끝자락 분수대 쉼터에는 인생이 녹록지 못한 얼굴들이 삶에 지쳐있는 듯하다. 사탕으로 예수님의 이름을 전하는 나의 손길이 분주해지고, 사탕을 받는 사람의 얼굴에 미소가 번진다. 주님, 이들의 영혼을 불쌍히 여기소서. 예수님의 이름이 이들의 가족에게도 전파되어 구원의 반열에 오르게 하소서. 주님의 의로우신 손길이 이들에게 영원한 인생의 빛이 되게 하소서. 사탕을 받는 손길을 축복하시길 원합니다.'

사탕 전도-16

주님!

　　　　오늘도 전도하는 저의 마음 밭에 신앙이 든든한 뿌리가 박혀서, 빛과 소금의 사명을 감당할 수 있는 능력을 주시길 간구합니다. 혼자가 아니라, 성령님의 온전하신 뜻을 따라 전도의 씨앗을 잘 뿌려서 전도 받은 사람들이 신앙의 열매를 결실하게 하소서. 하나님을 믿지 못하게 하는 사탄의 유혹과 방해를 예수님의 이름으로 물리치게 하소서.

　주님, 사랑합니다. 제가 드리는 기도에 응답해 주심을 감사드립니다. 저의 모든 처지와 형편을 잘 아시는 주님, 예수님의 권능으로 모든 필요를 채우시는 은혜에 기쁨의 감사와 영광과 찬양을 올립니다. 때로는 저의 마음에 근심과 두려움을 안겨 주는 어둠의 세력, 악한 사단의 영은 저의 영혼까지 소멸시키려고 합니다. 오직 예수님의 능력이 임하셔서 악한 영들을 물리쳐 주옵소서. 악한 영을 물리치는 힘은 오직 예수님께 집중하여 예수님의 사랑 안에 거하는 것입니다. '하나님의 아들이 나타나신 것은, 마귀의 일을 멸하려 하심이라(요한일서 3장 1~8절).' '마귀를 대적하라. 그리하면 너희를 피하리라(야고보서 4장 7절).'

　이처럼 마귀를 물리치는 힘은 오직 예수그리스도의 이름으로 기도할 때, 사단의 세력이 물러가는 것이 믿음의 능력으로 행하는 것을 봅니다.

　주님께서 저를 사랑하시듯이 사탕을 받는 사람들을 사랑의 눈동자로 보호하여 주시고, 주님의 선한 백성으로 삼으소서.

사탕 전도-17

　　　　　'내가 복음을 전할지라도 자랑할 것이 없음은 내가 부득불 할 일임이라. 만일, 복음을 전하지 아니하면 내게 화가 있을 것 임이로다(고린도전서 9장 16절).
　주님께서 주신 사명은 제 영혼을 다하여 주님께 감사와 기쁨이 되고자 합니다. 주님과 연합이 이루어질 때 순종의 영역이 더 확장되어, 주님의 깊으신 뜻 따르고자 합니다. 제 삶을 주관하시는 하나님 아버지! 하나님 아버지를 부를 수 있는 자녀의 특권을 주심에 당신의 사랑 헤아릴 수 없나이다. 오직 저에게 하나님의 뜻을 알아 깨닫게 하시고, 영적인 분별력을 허락하소서. 그리하여 제가 매사에 옳은 선택을 하여 그릇된 곳에 치우치지 않게 하소서. 당신의 거룩함이 온 천지를 밝히소서. 천국 잔치는 누구든지 참여할 수 있는 자리지만, 거부하고 방해하며 지체하는 영혼들의 마음을 돌이켜 천국의 귀한 백성들이 되게 하소서.'

　사람들이 쇼핑을 마치고 지친 육신의 피로를 풀기 위해 고속버스터미널 분수대에 자리하고 있다. 사탕을 받는 손이 고맙고, 그들의 마음에 예수님의 이름이 새겨지는 기쁨이 되길 기도한다. 나 역시 전도를 감당할 수 있어서 행복하다. 행복의 조건은 하나님께 순종하는 자리에 머물러있는 것이다.

사탕 전도-18

주님!

저의 간절한 소망은 하늘나라 입성하기 전까지, 그리스도의 심장을 가지고 복음을 전하며 주님과 교통하는 기도의 삶이 지속되기를 원합니다. 저의 이 뜻이 순수한 의지에서 나오는 사명의 길이라 생각합니다. 변함없으신 주님의 사랑, 이 세상에서 저의 삶에 성령님의 온전하신 인도를 받아 빛과 소금이 되게 하소서. 주님, 저에게 영과 육이 활력이 넘치게 하소서. 생명이 역동하듯이, 사고도 깊어지게 하소서. 제 마음에 두 손을 들어 주님을 사랑하는 열정의 날개를 펴게 하소서.'

오늘도 저를 도구로 사용하여 주신 은혜에 감사의 기도를 드린다. 강남 지하상가에는 많은 사람이 붐비고 있다. 이 중에는 하나님께 구원받은 성도들도 있겠지만, 또 다른 사람들은 하나님을 알지 못한다. 개중에 연세가 든 여인을 만났는데, 그녀는 이 세상에서 자신이 잘나서 행복한 삶을 누린다고 말했다. 예수 믿는 사람들은 병 낫게 해달라고, 자식 결혼하게, 부자 되게 해 달라고만 기도한다고 한다. 천국은 눈에 보이지 않는 데도 하나님을 믿는 사람들은 천국이 있다고 한다. 그녀는 죽음이 이 세상의 끝이고, 사후의 세계는 없다고 잘라서 말했다. 이런 말을 들을 때 하나님은 살아 계신 분이라고 말해도 통하지 않는다. 그 영혼이 비참하게 느껴졌다. 사탄의 조정을 받은 불쌍한 사람이라고 생각하니.

나 또한 비통한 심정이 되었다.
 일본 사람들이 간간이 쉼터에 앉아 있다. 예수님을 믿으라는 전도 자리에서 일어나 정중하게 감사 인사를 한다. 사탕을 받는 손길을 예수님의 이름으로 축복하소서. 아멘!

사탕 전도-19

주님!

　　　　세상의 위험과 흑암의 세력들이, 저희 곁에 늘 도사리며 위협하고 있습니다. 만물의 영장이신 주님만이 악한 영에서 안전하게 보호해 주시기 원합니다. 저의 불안하고 두려운 마음이 주님에 대한 믿음에 저해 받지 않기를 간구합니다. 날마다 기적 같은 놀라운 일을 행하시는 주님의 깊고도 무한하신 사랑이, 이 가슴을 애통한 눈물로 적십니다.

주님!

　세상에서 방황하는 저의 인생이 오직, 주님을 사랑하는 열정의 온도가 뜨겁게, 환희한 무아의 서막으로 임하게 하옵소서. 당신의 겸손하심이 심미에 흘러서, 더욱 가난하고 낮은 자리에서 저와 영적교제가 이루어지게 하소서 당신의 뜻을 헤아리는 영롱하고도 지혜로운 영안의 눈을 저에게 밝혀주소서. 주님, 저의 순종의 미덕을 받으셔서 당신께서 기쁨을 이기지 못하시고, 수정의 회관 머리 감싸시고, 다만 하나님의 영광이 충만하게 하소서.

주님!

당신이 친히 주신 살아서 역사하시는 권능의 말씀이 혼잡하고도 아비규환의 세상 소리에 잠잠하지 않게 하소서.

주님!

 저에게 날마다 회개의 문 안에 귀의하게 하소서. 심령을 헤쳐 찢는 저의 기도 소리 하늘 문에 닿아 주님의 보좌를 움직이는 신비의 역사가 일어나게 하소서. 나의 의와 죄악의 무게 바다 저편에 던지시고, 오직 내 안에 주님을 사랑하는 법도를 배우며 깨우치게 하소서. 성령님의 안도하심이 시온의 길을 걷는 저의 발걸음이 되게 하소서.

사탕 전도-20

　　　　사랑의 하나님, 저에게 오늘도 새날 주심을 감격하게 하소서. 영원한 주님의 사랑 안에서 힘입어 이 세상을 담대하게 살아가게 하소서. 세상의 헛된 욕심을 버리게 하시고, 험난한 길을 걸어가는 상황에서도 결코 주님을 배반하거나 포기하는 어리석은 자가 되지 않게 하소서. 언제나 하나님의 말씀이 저의 삶에 지표가 되어 주님의 뜻에 합당하게 분별력 있는 지혜를 구하게 하소서. 주님, 한순간도 저를 포기하거나 고아로 버려두는 일이 없도록 저와 동행하소서. 가시밭길이나 광야에서 헤맬 때도, 늘 주님은 저의 생명이시며 영혼을 다해 경외하게 하소서. 나의 힘이 되신 하나님 아버지께 영광을 드립니다.'

　하나님은 제가 지치고 힘들어할 때면 위로해 주신다. 이틀 전에 나에게 전화가 왔다. 강남 고속버스 터미널 상가에서 만났던 춘천에 계신 권영희 목사님이 전화를 주셨다. 이틀 전 월요일 서울에서 설교를 마치고 내가 전도하고 있지 않을까? 싶어서 강남 고속버스터미널 상가에 들러는 데, 내가 보이지 않아 사탕을 파는 상점에서 나의 안부 확인을 한 것이다. 그리고 사탕값 삼만 원을 상점에 맡겼다고 한다. 이 사탕을 가지고 예수님을 전하라는 성령님의 인도하심이 있었다고 한다.　 나는 뜨거운 마음으로 감격하고 또 기쁨이 샘 솟았다. 그분은 참 목자인 것이 분명하다. 내가 막 전도를 시작할 즈음에 만나서 큰 힘을 실어주었는데, 보잘것없는 나를 잊지 않고 바쁜 일과 중에도 일부러 들러서, 위로와 힘을 주어서 감사할 따름이다.

하나님은 살아계셔서 천지를 주관하신다. 세심하시며 모든 일을 감찰하시며 졸지도 주무시지도 아니하신다(시편 12장 4절). 하나님은 분명 내가 전도하는 것을 기뻐하시고, 그 사랑의 증표를 하나님의 사람들을 통해서 역사 하시고 계셨다.

가슴이 벅차서 뜨거운 온기가 내 몸을 감싸는 듯했다. 마음을 위로해 주는 동역자를 하나님이 때에 맞추어서 보내주시는 것 같다. 이토록 하나님께서 나와 함께하시는 데, 내가 무엇을 두려워할 수 있겠는가.

사탕을 파는 상점에 들렀다. 목사님께서 미리 치르신 그 값으로 사탕 열다섯 봉지를 건네받았다. 오늘은 아홉 봉지를 가지고, 감사하며 담대하게 많은 사람에게 사탕을 주면서 예수님의 이름을 전했다. 또한, 하나님의 사람을 만나서 그녀의 삶에 대해서 하나님의 간섭과 인도하심에 많은 이야기를 들었다. 하나님을 믿지 않는 사람에게도 절실한 하나님의 은혜를 구하면서, 통증을 앓고 있는 여인의 무릎 위에 손을 얹고 예수님의 이름으로 기도했다.

사탕 전도-21

주님!

저에게 많은 재능을 주심을 감사드립니다. 제 속에 있는 재능을 가지고 삶의 지경을 넓히는 데 마음껏 발휘하지 못한 나의 삶이 애처 할 때가 있습니다. 스스로 한계를 정하고 그 방식 안에서 나의 인격이 확장하지 못함을 고백합니다. 하나님의 의로우신 뜻을 가슴 깊이 새기지 못한 나약한 모습이 믿음의 성장을 저해하곤 합니다. 그러나 하나님 앞에 헌신하고자 하는 마음만은 진정 아름다운 빛이 되게 하소서. 주님과 교통하는 영적인 능력이 저에게 임해서 사람을 분별하는 지혜로운 사람이 되게 하소서. 사람으로 인하여 시험에 들지 않게 하심은 상대를 이해와 사랑으로 용납하게 하소서. 나무에 새순이 돋아 무성한 잎이 번져서 누군가에게 그늘이 되듯이, 저 또한 사람을 가슴에 품으며 예수님의 사랑으로 섬기게 하소서.

강남 고속 터미널 상가는 항상 많은 사람이 왕래하는 곳이다. 걷다 보면 일어-중국어가 몇 사람 건너서 들려온다. 이슬람 사람들도 히잡을 쓰고 필요한 물건을 싸서 두 손에 들려져 있다. 지방에서 오는 우리나라 사람들을 비롯하여 서울 각처에서 오는 사람들로 분주하다.
 7호선 끝자락까지 걸어서 분수대 쪽으로 가면 사람들이 휴식을 취하고 있음을 본다. 반찬을 사기 위해서 3시부터 기다렸다는 젊은 여인을 만났다. 3시쯤 되면 할머니 한 분이 집에서 반찬을 만들어 온다고 한다. 그 할머니는 상가 입구에서 끝까지 한 바퀴 돌면서 상인들에, 또는 상가를 방문하는 사람들에게 반찬을 팔고 다닌다고 한다. 나도 그녀에게 반찬을 사고 싶어서 20분 정도 젊은 여인과 대화를 나누고 있었지만, 전도가 바빠서 일어났다. 젊은 여인은 천주교인이었다. 그녀는 마음이 너무 여려서 사람들에게 상처받아서 후유증이 크다고 한다. 대인관계를 어렵게 생각하는 것 같았다. 먼저, 상대방에게 낮은 자세가 되어 수긍하며, 경청하며 배려하는 모습이 원만한 대인관계의 지름길이라 생각한다고 했다.

사탕 전도-22

주님!

　　　　　오늘도 제가 주님께 드리는 기도의 향기가 하나님의 보좌를 움직이는 간절함이 있게 하소서. 골방에서 드리는 기도는, 성령의 도우심으로 하나님의 뜻을 먼저 구하는 참된 기도되게 하소서. 주님께 저의 기도로 아뢰는 이 시간만큼은 세상의 욕심과 근심을 물리치게 하시고, 세상의 안목을 내려놓고 겸손한 마음으로 하나님께 몰입하여 주님과 교통하는 사랑의 교제가 되게 하소서. 믿음의 고백으로 드리는 저의 기도는 몸과 마음과 뜻을 다하여 주님의 온전한 사랑의 열매를 맺게 하소서. 하나님의 말씀은 살았고, 운동력이 있으며, 골수를 쪼개는(히브리서 4장 12~13절) 권능이 저의 영혼과 심령이 새롭게 변화되어 성령님이 인도하시는 생명의 길임을 알게 하소서. 전지전능하신 자의 신비한 솜씨로 지은 자연의 영롱함이, 철 따라 아름답게 변화하는 초여름의 햇살을 맞았습니다. 자연의 섭리는 전능자의 애정이 깊어져 오묘와 신비가 이 세상에 그득합니다.'

　전도하는 나와의 약속은 일주일에 화-목 이틀간이다. 강남 고속 터미널 내 상가 편으로 발을 옮겼다. 분수대 쪽을 보고 놀라움을 감출 수가 없었다. 한 틈도 없이 사람들이 빼곡하게 앉아 있었다. 휴식 공간에도 빈자리는 없었다. 자신도 모르게 멈춰 섰다 사탕 여섯 봉지를 샀다. 분수대 의자에 앉아 있는 사람들에게 다가가서 "예수님 믿고 행복하세요, 이 사탕을 드립니다." 라고 전도했다. 사람들이 너무 꽉 끼어 앉아 있는 터라 자신들의 차례를 기다리는 눈치다. 옆에 사람이 받으니, 나도 받아야겠다는 풍선효과를 누리는 것 같았다. 옆쪽 테이블에 앉아 있는 사람들도 일부러 나에게 나와서 손을 내밀었다. 본인들의 차례가 돌아오지 않을지 염려가 되었나 보다. 사람들의 표정이 가지각색이지만 얼굴들은 상기되어 있고, 입들은 오물거리고 있는 모습을 보니, 예수님의 이름이 헛되지 않기를 기도했다. 이 자리에서 예수님의 사랑을 체험하는 신앙의 사람들로 거듭나게 하소서.

사탕 전도-23

주님!

　　　　이 찬란한 아침의 기적은 예수님의 숨결이 저의 영혼을 깨웁니다. 참 생명이 되신 주님의 숨결은 주님의 능력과 진리의 말씀으로 어두운 세상을 밝히는 빛이며, 애통과 절망 속에 갇힌 저의 심령에 생명수를 부어주시는 긍휼함을 입게 합니다. 말씀이 육신으로 오신 주님, 말씀으로 저의 영안이 열리게 하시며, 말씀 위에 굳건한 믿음을 지키는 놀라운 은혜를 부어~주옵소서. 하나님의 말씀은 영원히 무한한 능력을 떨쳐서 진리의 푯대를 향하여 구원의 소망을 확신하게 합니다.

　하나님을 신뢰하며 겸손히 주님을 섬김이 저의 생애 동안 많은 사람에게 주님의 사랑을 전하게 하소서. 하나님의 뜻을 구하며, 이 세상을 분별할 수 있는 영적 지혜가 충만하여 날마다 주님과 영적교제가 이루어지게 하소서. 저의 마음에 기쁨이 차고 넘쳐서 제 삶이 믿음으로 풍성하여 성령이 인도하시는 선한 길이게 하소서. 이 세상의 풍요도 한낮 풀 한 잎 시들어 버리는 이치이지만, 세상에 대한 애착과 연연하는 어리석음을 범하지 않게 하소서. 주님의 가르침대로 사람들에게 베풀며 나누어주는 참된 삶이 되게 하소서.

　오늘도 분수대 쉼터에는 많은 사람이 쉬고 있다. 나는 사탕을 사람들에게 나누어주면서 예수님의 이름을 전했다.

"이 사탕 예수님이 주신 거네요." 확인하고 사탕을 반갑게 받는다. "네, 예수님이 사탕을 나누어주면서 예수님의 이름을 전하라고 하셨어요."

"참, 귀한 사탕이네요."

사탕을 귀하게 받는 손길을 예수님의 이름으로 축복했다. 분수대를 돌아서 앉아 있는 두 일행에게 사탕을 건넸는데, 한 사람은 고맙다는 인사를 깍듯이 하면서 받았다. 또 한 사람은 받은 사탕을 도로 나에게 물리며, 이 사탕 안에 마약이 들어있는 것 같다며 거절했다. 나는 예수님의 이름으로 드리는 사탕에 마약이 있겠는지 응대했다. 저 앞에 보이는 상점에서 샀다고 말했다. 그녀는 고개를 흔들면서 사탕을 받지 않았다. 옆에 앉은 사람들은 그런 말에도 무심한 듯, 사탕을 받고 고맙다고 인사를 한다. 믿을 수 없는 불신의 세상이라, 그녀의 마음도 이해는 간다. 사탕은 사람들에게 말을 걸 수 있는 연결고리라 생각하면서 예수님을 영접하는 사람들이 구원받기를 기도했다.

사탕 전도-24

본 훼포는 '그리스도인과 비 그리스인의 차이는 세상을 살아 가는 데 감사를 하는가 안 하는가의 아치' 라고 했다.

주님, 주님께서 저에게 허락하신 생애 동안 감사하면서 살게 하옵소서. 감사하지 못할 어려운 난간 속에서도 주님의 뜻을 헤아리지 못할지라도, 저의 입술에 감사가 끊이지 않게 하소서. 병마의 위기에서도 저의 생명을 연장해 주신 것이, 하나님의 은혜임을 감사하게 하소서. 주님, 날마다 밝은 아침 햇살을 대지에 비춰주시고, 주님의 입김으로 꽃을 피우게 하심이 저의 생명의 핏줄에도 생기가 흘러넘칩니다. 주님의 놀라운 솜씨로 우주 만물을 창조하셔서 인간이 살아갈 수 있는 아름다운 터에, 주님의 역사는 한계 없이 이어지게 하심을 감사와 찬양을 올립니다. 하루의 일과에 주님께서 저에게 주신 달란트를 잘 사용하여, 선행의 기쁨으로 주님께 영광 돌리게 하옵소서.

오늘도 강남터미널 상가는 끝없이 행렬하는 사람들로 붐빈다. 오류십 대로 짐작되는 여인들이 짝을 지어 다니고, 서너 명씩 다니기도 하고, 혼자 쇼핑하는 사람도 나름 즐거워 보인다. 분수대 의자에 앉아 있는 사람들에게 사탕 여섯 봉지를 다 나누어 주었다. 나는 물을 들고 탁자가 놓인 의자에 앉았다. 이십 분 정도 앉아 있었는데, 옆자리에 사람들이 계속 쉬었다가 떠나고, 또 다른 사람들이 앉았다. 말을 걸려고 해도 사탕이 한 개도 없는 터라 말문이 열리지 않았다. 사탕을 지금 살 수도 없고, 마음이 급하게 요동을 친다. 이 시간은 나 자신이 휴식하는 시간이라고 냉정하게 생각했다.

 사탕의 힘. 그 하나가 없으니 무슨 말을 걸 수 있겠는가? 처음 대면하는 얼굴들이 사탕으로 인하여 미소를 짓는 답례로 예수의 이름도 전하고, 상대와 대화를 나눌 것인데도, 막막한 순간들이 몇 사람에게 전도할 기회를 놓친 것이 안타까웠다. 사탕 전도는 사람들의 차가운 마음도 따뜻이 녹여준다. 사탕 전도의 위력이 곧 하나님이 주신 능력이고, 또한 예수께로 돌아오라는 간절한 사랑의 표시라 믿는다.

 '수고하고 무거운 짐 진 자들아, 다 내게로 오라. 내가 너희를 쉬게 하리라(마태복음 11장 28절).'

사탕 전도-25

생명의 근원이 되신 하나님을 경배합니다. 저의 연약한 육신, 세포마다 핏줄과 뼈마디마다 예수님의 오른손으로 치유의 은혜를 입게 하심을 감사합니다. 하나님 말씀의 능력으로 치유하시며, 예수님이 오른손으로 안수하실 때 저에게서 병 마귀는 떠나가는 것이 믿어집니다. 저의 간절한 기도와 살아있는 하나님의 말씀은 권능의 능력입니다. 이 시대 오늘 '네 믿음이 너를 구원하였느니라' (마가복음 5장 34절). 하나님은 저에게 친히 말씀하십니다. 너무나 놀랍도록 저에게 살아 계신 하나님을 체험하게 하심은, 실로 오묘하고 신령한 은혜에 잠기게 합니다. 육신도 병 들지만, 마음에 병, 때론 심령이 상하기도 합니다. 인간관계-영적 갈등으로 인하여 정신적인 피폐는 가슴앓이를 겪게 합니다.

 인간이 살아가는 삶의 방법은 다양하지만, 인간이 겪어야 하는 아픔의 깊이는 별반 차이가 없겠지요? 제가 어떠한 환경에 처하든지 주님의 사랑은 변함없이 저와 함께하시고, 세상의 악한 세력을 저에게서 물리쳐 주시는 영적 능력이 주님께서 저를 보호하시는 방패입니다. 때론 그 믿음을 지켜나가는 저의 마음이 약해지는 것을 느낄 때, 주님 능력의 말씀에 의지하여 힘을 얻고, 성령의 도우심으로 주님을 기쁘게 해드리는 법을 알아가게 하소서.'

 더운 날씨 탓인지 사람들이 눈요기(아이쇼핑)도 할 겸, 강남

터미널 지하상가에 사람들의 왕래가 붐빈다. 편리한 교통도 사람들을 모이게 하는 수단이라 할 수 있다. 옷도 제각각 다양하다. 가격도 오천에서 몇만 원 하는 옷들은 그만큼 돈에 대한 부담 없이 쇼핑을 즐긴다. 특별한 옷은 몇십만 원도 하지만, 개성이 뚜렷한 옷을 좋아하는 사람의 취향이라면 멋도 부려볼 수 있을 것이다.

 사탕을 받는 손길들이 연신 고맙다는 인사를 한다. 오후 2시에서 3시 사이에 쇼핑 나온 사람들이 지치기도 하고 쉬고 싶은 시간이라 생각한다. 나는 붐비지 않는 상점 주인들에게도 예수님의 이름을 전하며 듣는 "네" 답변이 고맙기 그지없다. 예수님의 마음을 전하는 사명 자의 본분이 흐려지는 일이 없게 맡은 본분 잘 감당하기를 기도한다.

 나를 도우시는 주님, 남은 생애 주님의 선한 일에 동참하는 하나님의 동역자로서 겸허하게 신실한 일꾼 되게 하소서.

제2부
택시 전도

들어선 호텔 입구 한 가녘으로 차를 세운 기사 분께서, 느닷없이 기도요청을 해 왔다. 우리는 두 손을 맞잡고 온 마음으로 절실한 기도를 드렸다.

택시 전도-1

　　　　　나는 여의도 국회에서 전화 상담을 마친 후, 곧바로 택시를 타고 소공동 조선 호텔로 향했다. 택시를 타도 약속 장소에는 정해진 시간에 도착하지 못할 것 같다. 장거리를 달리고 있다는 착각이 들 정도로 먼 거리 같았다. 나는 기사에게 말을 걸었다.
　"선생님, 예수님 믿고 계세요."
　"지금은 교회를 나가지 않고 있지만, 10년 전에는 하나님을 믿었지요."
　하나님을 믿었던 전례가 있기에, 하나님이 어떤 분인지는 정도껏 알 것 같다. 교회에 나가지 않은 상황이 심층 궁금해졌다.
　부인과 헤어져 혼자 살고 있다고 한다. 그 환경으로 마음은 늘 허전하고, 외로움과 고독감이 썰물로 밀려들어 하루하루가 지옥살이란다. 짓눌리는 압박감에 마음이 편치 않으리라 짐작했다. 충분히 이해하는 인지상정이다. 들어선 호텔 입구 한 가녘으로 차를 세운 기사 분께서, 느닷없이 기도요청을 해 왔다. 우리는 두 손을 맞잡고 온 마음으로 절실한 기도를 드렸다.
　그는 부인과 헤어지면서 교회를 나가지 않게 되었다. 하나님이 계시면, 왜 이런 고통을 겪어야 하는가-분노와 원한이 가슴을 뒤덮고 있었다. 이혼의 아픔으로 가정이 파탄되어 다시는 회복할 수 없을 거라는 낙담으로, 하나님은 이 세상에 존재하지 않는 신(神)이라고 단정을 지었다. 사업을 해서 물질의 어려움은 없었지만, 이혼한 이후부터는 도박과 술에 전 나날을 보냈다. 도박과 위자료로 저축해 두었던 돈 모두를 탕진하여, 삶의 위상은 바닥으로 추락하고 말았다.

 부부의 성격 차이라고 말하는 그는, 이해로써의 절충보다 잘못을 전가하는 미움의 싹을 키우고 있었다. 혼자가 되어서야 부부의 애틋함이 그립고, 화목한 가정이 얼마나 소중한지 깨달았을 때는, 후회의 그늘이 짙어진 뒤였다. 벗어날 수가 없었다.

 심정을 토로하는 그에게는 관용이 부족함을 알 수 있었다. 그는 자신만의 이기심으로 가득 채워져 있었다. 그 자책인지, 예수님에 대한 믿음을 저버렸다는 퇴색인지, 그 아픔을 삭이고 있는 것처럼 뺨을 타고 흘려내는 두 줄기 눈물 속에는 회개와 용서를 구하는 간절함이 녹아 있음을 엿볼 수 있었다. 그의 마음 깊이에는 예수님의 사랑을 느끼길 원하는 절실함이 담아져 있었다.

 그는 하나님의 품에서 사랑과 믿음으로 행복한 가정을 원했을지 모른다. 사업도 순탄하게 영역을 넓혔고, 그 바탕에서 세상이 부럽지 않다는 호의는 가질 수 있었겠으나, 당면의 고통을 대처하는 힘을 얻지는 못했다.

 일명 가나안 성도이다. 낙심(落心)으로 교회를 떠난 명목상 교인. 성경에 나오는 지명 '가나안'을 거꾸로 인용하면 ('안 나가'이다). 그 수가 코로나19 침체기 이후로 급속하게 느는 추세란다.

 하나님으로부터 제한적 수명을 부여받은 우리의 삶은, 찢기어 나누어지는 갈등의 연속이다. 이 고난의 연단은, 믿음이 살얼음처럼 엷은 성도라면, 그 위험지대를 건너는 극복이 말처럼 쉽지 않다. 그 고통에 좌절하지 않는 힘을 발휘할 수가 없다.

'내가 여기 있나이다. 나를 보내소서(이사야 6장 8절 하).' 고백은, 믿음의 맥박이 살아 뛸 때의 편의상 자신감이지, 막상 아무것도 보이지 않는 캄캄함에 갇히게 되면, 그 외에는 어떤 사물도 눈에 들어오지 않는 법이다. 그러므로 하나님을 의지하는 믿음의 뿌리가 얕은 사람의 위치에 서게 되면, 누구든 궤도 일탈을 할 수 있다.

그는 사람을 우선순위에 둔 탕자이다.

성경(누가복음 15장 11~24절)은 탕자 비유 이야기다. 두 아들을 슬하에 둔 어떤 사람이 있었다. 어느 날, 둘째 아들이 "재산 중에 내게 돌아올 분깃을 달라"는 떼를 부렸다. 기어이 자신의 몫을 챙긴 둘째 아들은, 아비와 정든 집을 등지고 먼 나라로 떠났다. 아들의 허랑방탕한 기질은 곧 나타났다. 재산을 흥청망청 탕진한 그에게, 한재와 풍재(신명기 28장 22절)의 흉년이 덮였다. 이내, 기력 쓰기 힘든-뱃가죽이 등창에 붙은 허기에 시달리게 되었다. 어쩔 줄 모르게 된 그는, 다급한 대로 어떤 사람에게 매달렸다. 그 사람은 돼지 치는 일을 맡겼다. 그는 돼지의 사료 쥐엄 열매를 먹는 지경까지 자신을 떨어트렸다. 하나, 그마저도 주는 자가 없었다.

자신의 비참을 돌아보게 된 아들은, 양식이 풍족한 집을 그렸다. 그는 하늘과 아버지께 죄를 지었음을 자백하고, 자신은 보잘것없는 품꾼임을 자처했다.

자나 깨나 아들을 기다린 아버지는, 저 멀리 거지꼴 사람을 알아보고, 먼저 달려가 목을 끌어안았다. 잃었다 다시 찾은 아들과의 극적인 상봉을 마친 아버지는 좋은 옷, 손 가락지, 발에는 신발을 신겼다. 그 한없는 기쁨으로 살찐 송아지를 잡아 큰 잔치를 열었다.

 잃은 한 마리 양을 찾아 나서는(누가복음 15장 4절) 하나님은 사랑에 속하신 분이시다(요한일서 4장 6절). 그러나 '하나님은 나의 소망이시다' (시편 71편 5절)' 라는 인식이 미약한 사람은, 휘황찬란한 물질 세상을 동경으로 바라보며 기웃거린다.

 온실 안은 아늑하다. 그러나 사시사철 기후에 그대로 노출된 바깥세상은 늘 불안정하다. 우리는 그 세상에 맞설 수 있는 담대함과 분별력이 부족하다. 예수님을 더욱 믿고 의지해야 하는 실제적 이유이기도 하다.

 세상을 좇는 애착이 강했던 아들은, 방탕한 자유를 누렸다. 재산을 잃게 하여 차가운 맨바닥에 주저앉게 한 그 자유는, 결국 굶주림에 떠는 쇠약을 안겨줬을 뿐이었다. 이때면, 믿음이 있는 사람은-삶을 꿈꾸는 사람은, 자신이 누구인지를 반문하는 회심에 젖어 든다. 아들의 심정이 꼭 이러했을 것이다. 그래서 아버지 집으로 돌아가야만 한다는 의지를 세울 수 있었을 것이다.

 하나님의 백성이라는 우리는, 하나님을 떠나고 배반하는 죄인이 되기도 한다. 그러나 '모든 사람이 구원받으며 진리에 이르시기를 원하시는(디모데전서 2장 4절)' 하나님은 누구든 차별을 두지 않고, 피치 못할 사정으로 일시 떠난 자녀들이 돌아오기만을 항상 기다리신다. '사랑은 모든 허물을 가리느니라(잠언 10장 12절).'

 하나님은 사랑 그 자체시라(요한일서 4장 8절) 할 수 있다. '내가 너희에게 이르노니 이처럼 죄인 한 사람이 회개하면

하늘에서는 회개할 것 없는 의인 아흔아홉으로 말미암아 기뻐하는 것보다 더하리라(누가복음 15장 7절).' 회개할 거리가 없는 의인보다, 타락하고 방탕한 죄인이 회개하고 용서를 구하며, 하나님 아버지께 돌아오는 것은 천하 만물 앞에 가장 아름다운 은혜가 아닐 수 없다

 모든 사물은 시시때때로 흔들린다. 그 가운데서 이겨낼 수 없는 시련의 시험을 물리치는 힘은, 예수님과 친구로(요한복음 15장 15절) 하나 되는 믿음뿐이다. 하나님을 기쁘시게 하는 구원의 비밀은, 오직 복음을 듣는 열린 귀이다(로마서 10장 17절). 인내로 기다리는 믿음은 바라는 것들의 실상이다(히브리서 11장 1절). 그 전폭적 신뢰의 보답은, 물가에 심어진 나무 잎사귀처럼 마르지 않는다는 축복이다(시편 1편 3절).

택시 전도-2

　　　　　나는 한 영혼이 예수께로 돌아오기를 간절히 바라는 마음에서, 가까운 거리로 외출할 때는 간혹 택시를 이용하는 편이다. 내가 오십 대 중반이 되었을 때, 택시를 타면서 전도해야겠다는 마음이 불현듯 솟았다. 사십 대 후반에, 어느 지인에게서 들은 말이다. "네가 운전하지 않은 거 이해할 수 없다" 라는 뜬금이었다. 나는 운전하는 일이 두렵고, 건강도 좋지 않다는 핑계로 얼버무리는 답변을 낼 수밖에 없었다. 나에게는 자동차 면허증도 있었지만, 차를 몰고 싶다는 행세가 내키지 않았는데, 때론 나? 자신이 의아하다는 생각도 했었다. 시간이 흘러서 택시를 타고 전도하게 된 것도 예상하지 못한 일이었지만, 분명 하나님이 예비하신 계획에 들어가 있었다는 것을 깨닫게 되었다.

　하루는 개인택시를 탔다. 기사는 연세가 제법 드신 분인데, 차림새는 특이하게도 한눈에 알아볼 수 있는 회색 승려 복장이었다. 창문가에는 염주를 달아 놓았다. 오늘은 예수란 말 자체가 쉽게 나오지 않을 것 같다.

　　"선생님, 승려복 차림 같으신 데, 참 편안하게 입으셨네요."

　　"네, 시원하고 편해서 저는 이런 차림을 좋아한답니다."

　　"절에 다니시나 봐요."

　　"아니요."

　솔직한 답변을 듣는 순간 긴장했던 마음이 좀 풀리는 듯했다.

"그럼, 가족 중에 혹시 교회 다니시는 분은 계시는가요?"

딸과 아들이 같은 교회에 다니고 있는데, 남매가 교회에서 배필을 만나 한 교회에서 결혼식을 올렸다 한다. 사돈들도 그 교회에서 신앙생활을 하고 있단다. 자녀들이나 사돈들이 예수를 믿으라고 간곡하게 청을 올린다는 데, 정작 본인은 무슨 자존심 때문인지, 예수를 믿는 마음이 전혀 없다는 것이다.

자녀들이 신앙생활을 잘하고 있는데, 부모님이 예수를 믿지 않으면, 자식들 가슴에 못을 박는 상황이 되지 않을까 염려된다는 말로 대화를 유지했다. 부모가 예수를 영접하지 않고 돌아가신다며, 불 속으로 들어가는 것이나 다름이 없다는 것을, 예수를 믿는 자식들은 너무나 잘 아는 명백한 사실이기에, 큰 상처보다 더하게 가슴이 찢어지고 통곡할 아픔을 겪게 될 것이다.

죽은 육신은 땅에 묻힌다. 다시 말해 흙으로 돌아가게 된다(창세기 3장 19절). 이후에는 지구 환경과 전혀 다른 사후세계가 펼쳐진다. 이 무렵에 들어서면 신원조회를 거쳐, 어떤 이는 유황과 불에 타는(창세기 19장 24절), 이편에서 건널 수도, 저편에서 건너올 수도 없는 큰 구렁텅이(누가복음 16장 26절) 앞에 서는 안내를 받게 된다. 그 대상은, 살아생전에 예수를 영접하지 않은 구원 밖 사람이다. 예수를 믿고 안 믿는 문제는, 그만큼 운명의 방향을 확연히 가르는 영향을 받게 된다.

태도를 바꿔 부모님은 신앙생활을 잘하고 있는데, 자식들이 세상만 사랑하고 있다면-부모님의 심정은 날마다 자녀들이 예수님께로 돌아오길 바라는-가슴을 치며 부르짖는 회개의 기도를 할 것이다. 이 바탕에서 인지상정을 헤아리라는 말을 덧붙였다.

 자녀들이 그렇게 조르는데도 불구하고 부모가 귀를 막고 받아들이지 않자, 이젠 지친 자식들도 더는 교회에 가자는 말하지 않고 있단다.

 예수님을 믿어야만 우리는, 그로 인하여 참 생명을 보장받는다. 우리가 세상만 사랑한다면, 결론적으로 하늘에 대한 소망의 약속을 놓아버리게 되는 것이다. 확신에 찬 소망의 가치는, 하나님과 동행(임마누엘=마태복음 1장 23절)하는 삶이다. 하나님을 삶의 주인으로 모셔드리는 것이, 세상을 이겨나가는 담대함의 근원이다. 삶의 여정이 어려운 가운데 이를 악문 인내로 극복하는 과정은, 어찌 보면 하나님과 더욱 가까워지는 기회일 수 있다. 믿음의 의지가 확고해지면서, 성령의 인도하심과 도우심을 체험적으로 보게 된다.

 "선생님, 자녀들에게 전화하셔서 같이 교회 가자고 하시면 좋을 텐데요."

 "네, 그렇게 해도 될까요? 또 교회에 가서 어떻게 행동해야 하는지, 실은 걱정이 앞섭니다."

 "염려하지 마세요. 처음 오신 분들은 담당 부서에서 성심을 다하여 섬긴답니다. 자녀와 사돈들도 계시고, 선생님도 신앙생활 잘하시면 하나님의 은혜가 넘친답니다."

 "아, 그래요."

 내 마음이 기뻐서 날아오를 것 같은데, 하나님도 새로운 영혼을 기쁨으로 맞아 주시리라는 확신이 든다. 그동안 자녀들이 부모가 하나님께로 돌아오게 하려 쉬지 않고 기도하였다.

마침내 그 기도 응답을 받는 결과에 이르렀다.
 인간의 마음은 완악하고 의심이 많아 전도하는 거 정말 어렵다. 완악(마가복음 3장 4절)의 해석은, 들으려 하지 않는-굳게 닫힌 마음이다. 그 자기 주관의 아집을 깨는 힘은 기도(마가복음 11장 24절)의 저력이다.

택시 전도-3

나는 오늘 운수회사에 속한 택시를 타고 신사동으로 향했다. 오십 줄 나이로 짐작되는 기사에게 말을 걸었다.
"선생님, 혹시 예수님 믿고 계십니까?"
"네, 중·고등학교 때 교회 열심히 다녔지요. 교회에 탁구대가 있어서 처음에는 탁구에 미쳤지만, 예배에 참석하면서 목사님 설교는 이해하기 어려웠지만, 예수님은 나의 구주라고 믿고 있었어요. 대학 진학으로 서울에 와서 교회를 나가지 않았습니다."
그는 가정교사로 입주하고 고등학생 남매를 가르쳤다. 군대에 다녀와서 공부를 가르쳤던 여학생과 결혼했다. 장인이 경영하는 회사에 직원으로 근무하던 중, 회사가 부도를 내어서 택시 기사로 취직하게 되었다. 설상가상으로 삼 년 전부터 부인이 혈액 골수암을 앓게 되었다. 말기라는 말을 듣는 순간, 너무나 충격적이라 내 귀를 의심했다.
"하나님, 젊은 나이에 이런 중병을 앓게 하시나요."
나도 모르게 하나님은 원망의 대상이 되었다. 누구든지 환자가 된다면, 불행 중 다행으로 의사가 치료해서 낳는다면 얼마나 감사한 일인가. 다시 태어나는 생명의 불씨를 지피는 기적이라 할 수 있지 않을까. 그러나 의학-의술이 치료할 수 없다면, 하나님의 자비하심과 은혜를 구하며-도우심을 얻기 위하여 부르짖는 기도를 할 것이다(예레미야 29장 12절).

그는 심정이 찢어지는 아픔과 슬픔으로 하나님께 용서를 구했다. 아내의 병환은 회복하기 어려운 가운데, 죽음은 서서히 엄습해 오고 있었다. 그야말로 뼈가 녹아내리는 처참한 고통이었다. 그가 하나님께 감히 돌아가지 못한 까닭은, 많은 죄를 짓고 살았다는 자책감 때문이었다. 지금은 아내의 중계로 하나님을 찾고 또 찾는(예레미야 29장 13절)다고는 하나, 자신은 너무나 가증스러운 위선자라는 생각이 든다고 한다. 그의 마음은 지푸라기라도 잡고 싶은 심정이었는데, 삶의 고난과 두려움이 한 몸에 엉켜서 사망의 음침한 골짜기로 빠져 들것만 같단다.

  그에게 학창 시절에 순수한 마음으로 하나님을 믿었던 그 순간을 돌이켜보라고 일렀다. 하나님이 어떤 분이신지 진정 느끼고 신앙생활을 했는지를 덧붙여 상기시켰다. 그는 북받치는 설움의 눈물을 흘리며, 내면의 괴로움을 토해냈다. 그의 눈동자에 서서히 생기 빛이 감돌기 시작했다. 세상이 준 절망의 늪에서 간신히 자신을 일으키기 위해 안간힘을 쓰는 듯하였다.

  아내를 위해 하나님께 기도한 적이 한 번도 없었다는 그의 말은 진심이었다. 위태위태한 불안정한 삶으로 하나님을 신뢰하지 못한 소극적인 믿음이 아니라, 세상을 향한 자부심이 더 강하게 작용하지 않았나 싶다. 그는 기도를 쉰 죄(사무엘상 12장 23절) 즉, 살아 계시는 하나님께 기도하지 않은 죄를 뉘우치고 있었다. 이제는 한시도 지체하지 않겠다는 마음속에 하나님의 존재를 확실히 깨닫고, '기도 외에 다른 것으로는 이런 능력이 나갈 수 없느니라(마가복음 9장 21절). 기적의 체험을 진정 바라고 있었다.

하나님의 뜻과 섭리는 우리가 알 수 없지만, 하나님은 인간의 생사화복을 주관하시는 분이시다(사무엘상 2장 6절). 그도 이 세상에서 겪는 시련을 담대하게 이겨서 승리하며 축복을 누리는 삶으로 살아갈 것이다. 어떤 형편에 처하더라도 참된 위로 자는 하나님 한 분뿐이다. 우리에게는 회개와 용서를 구하는 고백의 용기가 진정 필요하다.

사랑의 힘을 충분히 공급받고, 매 순간 교통하며 역사하시는 하나님을 체험할 수 있는 변화된 가정이 되게 하소서.

택시 전도-4

택시는 단거리 운행 중이다.

"선생님, 예수님 믿고 계십니까?"
"저는 예수님 안 믿어요. 대대로 불교 집안입니다."
"가족 중에서도 교회 나가시는 분이 계신가요?"
"갓 시집온 며느리가 교회 나간답니다."
"그럼, 아드님도 교회 나가겠군요."
"아들의 종교에 대해서는 상관 안 하기로 했답니다."
"선생님, 정말 복 받으셨네요. 자부님이 복덩어리네요. 선생님, 예수님 믿고 구원받으세요. 자부님은 시댁 식구들의 영혼 구원을 위하여 늘 기도할 것입니다."
"저는 예수님을 몰라도 아들 결혼에 대해서 처음에는 반대하였지만, 아들의 심중을 알고 난 뒤 결혼을 승낙했네요." 그는 자식에게 절을 올리는 조상제사는 바라지 않는다고 했단다. 시대가 바뀌었으니, 종교관을 떠나 자식 사랑이 곧 그들의 의견을 존중한다는 것이다. 참으로 현명하시고 존경할 분이시다.
그의 집안은 스님이 두 분 계신다고 했다. 큰형님·작은형님이 지방에 소재해 있는 사찰에서 부처님의 사신(仕臣) 일을 하고 있단다. 자식의 혼사로 인해서 형제간에 큰 의견추돌이 있었지만, 그는 우리가 죽으면 우리 시대에 묶였던 고정관념에서 탈피될 것이라고 분명한 어조로 형제들에게 선을 그어 말했다 한다.
그는 두 분의 스님과 조상에게 제사를 지내고 부처님을 모시고 살았던 세월을 겸허하게 받아들이고 있었다. 본인도 어쩌면 스님으로 출가했을 법했더란다. 그러나 그는 형들의 삶이 인간의 본질과 동떨어진 데에 대한 회의감을 품고 있었다. 인간의 삶은 살붙이뿐 아니라, 불특정 다수들과도 희로애락을 나누면서 사회성을 키운다는 것을 깨닫고, 속세를 떠나고 싶지 않다는 마음을 굳혔다고 했다. 가정을 꾸리고, 인체(人體) 향이 풀풀 살아 숨 쉬는 사람들과 북적북적 부대끼며 애환을 공유하는 삶에 의미를 더 부여하는 결론을 내렸다.

 불교를 떠나서 다른 종교 생활을 생각해 보지 않았지만, 며느리가 예수쟁이라는 소개를 처음 듣는 순간, 뒤통수를 한 대 얻어맞은 기분이 들었다. 우리 집안이 두 종교로 인하여 풍비박산 날 것이 불 보듯 두려워, 여러 밤을 염려로 지새웠다는 것이다. 집안에 종교의 틈새로 하나가 되지 못하고, 제사를 지낼 때마다 절을 올리는 예절을 마다한다면, 아무리 핏줄을 이어받은 자식일지라도 남남의 이방인이 될 수밖에 없다. 그때마다 의견충돌로 인해 불화가 생긴다면, 가족의 연도 끊어질 수가 있겠다는 생각이 들었다고 한다.

 불교의 정의는 '나는 무엇인가?'에 대한 해답을 찾아가는 과정이라고 한다. 법장스님은 불교는 부처님이 깨달았다는 법을 가르치는 것이라고 전언했다.

 아들도 집안에 승려 두 분이 계신다는 사실을, 예비 신부 측 어른들께 알리고 싶은 마음 추호도 없었다고 한다. 그러나 아들은 사랑하는 자와 꼭 해야만 하는 결혼이라, 어느 날 문안 차 마주 앉은 예비 신부 부모에게 집안의 내력을 털어놓고, 식을 올린 후 하나님을 믿겠다는 약속의 다짐을 밝히는 발전에 이르렀다.
 이 사실을 전해 들은 아버지는 아들에 대하여 배신감을 느끼지 않을 수 없었다. 아들은 격렬한 분노로 험하게 일그러진 아버지 앞을 피할 겸, 열불로 속이 타는 집을 뛰쳐나갔다. 그 며칠의 간격을 두고 집으로 돌아온 아들은, 아버지께서 승낙을 내리지 않으셔도, 우린 교회에서 예식을 올리겠다는 최종 결정을 고백했다. 자식 이길 부모 누가 있을까. 형제의 연보다, 자식의 마음을 이해하기로 하고 며느리로 받아들였다.
 자식이 사랑하는 사람과의 인연을 부모로서는 끊을 수 없는 노릇이다. 며느리는 시부모를 정성으로 대했다. 그 모습이 진정하여 집안 화합에 기대를 걸 수 있었다.
 우리의 인생은 뜻하지 않은 변수에 종종 휘말리게 된다. 예배 대상이 전혀 다른 종교 문제로, 상반하게 갈린 의견으로 갈등이 심화한 가족들 간 등을 돌리는 것은, 가슴판이 산산조각 부서지는 풍파가 아닐 수 없다.
 성경은 '능히 너로 하여금 그리스도 예수 안에 있는 믿음으로 말미암아 구원에 이르는 지혜가 있게 하느니라(디모데후서 3장 15절).' 이 말씀에 비추어 생활을 괴롭히는 핍박의 시련 언제든 상존한다. 그러므로 우리는 '시험에 들지 않게 깨어 기도하라(마태복음 26장 41절)'로 감당해야 한다. 하나님을 믿지 않아 구원에서 먼 영혼을 위하여 기도와 사랑을 우선순위에 두어야 한다. 그런즉 믿음, 소망, 사랑 중에 제 일이 사랑이라. (고린도전서 13장 13절).
 '너희 믿음이 사람의 지혜에 있지 않고, 하나님의 능력에 있게 하려 하노라(고린도전서 2장 5절).'

택시 전도-5

 오늘도 주님께서 택하신 백성을 만날 수 있길 기대하면서, 택시를 타고 집으로 향했다. 무릎 주사를 맞은 뒤라 다리가 뻐근하다.
 감미로운 음악이 흐르고 있었다. 음악에 도취 된 분위기에 나른하게 늘어진 심신에 휴식을 취하고 싶었지만, 택시를 탄 이유를 마음에 새기면서 기회를 엿보고 있었다.
 "좋은 음악을 듣고 있으니, 마음이 차분해집니다. 선생님은 예수님 믿고 계시는지요?"
 "갑자기 예수님을 믿고 있는지 물으시니, 저를 놀라게 하시는데요. 저는 불교 집안인 데, 저와 아내와 아이들도 교회에 다니고 있습니다. 하지만 어머님이 무당이었습니다."
 어머니가 실상을 잘 아는 무당을 하지 않으려고 했는데, 이유 없이 질병을 앓게 되었다. 병원에서도 뚜렷한 병명을 밝혀내지를 못하였다. 살아야겠다는 일념으로 무속신앙을 섬기게 되었다. 신내림을 받고 대를 잡았다. 대를 잡으면 몸에서 솟구치는 힘은 어디서 나오는지 신기할 따름이었다. 시름없이 앓다가도 손님이 와서 굿판을 열면, 온 천지가 어머니의 세상이었다. 외할머니가 무당이었으며, 그 신기(神氣)가 딸에게로 대물림 된 것이었다.
 그는 청년으로 성장하면서 두렵게 떨리는 생각에 사로잡혔다. 만일, 자신이 어머니의 대를 잇는다면 가족과 연을 끊고 도망하리라는 잠재를 떨쳐낼 수 없었다. 그러나 멀리 도망을 친다고 할지라도, 그 쇠사슬에서 자유롭게 해방된다는 보장은 어디에서든 보이지 않았다. 옭아 매인 고뇌의 장벽을 세차게 뚫고 달려갈 자신이 없었다. 가슴에 멍울을 안고 살아가는 인생이었다. 박수(남자무당)의 삶은 신령을 숭배하며, 조상신의 귀신과 소통하는 것을 그는 인정하고 싶지 않았다.

 보편적인 사람이 평범한 가정을 꾸리듯이, 그도 길을 잃고 방황하는 세월을 보내는 와중에 가정을 꾸려 아버지가 되었다. 어머니가 돌아가신 후, 딸이 유년 시기에 접어들면서 시름시름 앓기 시작했다. 병원에 가도 뚜렷한 병명이 밝혀지지 않아, 부성의 심장을 바싹 말렸다. 십 년이란 세월 동안 병원과 집을 일상으로 오가는 험난한 시련기였다. 가족이 겪었던 큰 고통이었다. 건강검진을 여러 차례 받았지만, 의사는 고개를 내 젓고 건강에는 이상이 없다는 소견만을 들려줬다. 대신 아파줄 수도 없는 부모의 마음은 속이 타드는 노심초사 그 자체였다.

 현대과학으로 증명할 수 없는 영역이 영적 세계이다. 가족은 사람의 머리로서는 헤아리기 쉽지 않은 불가사의한 신비 앞에 꼼짝할 수가 없었다. 손을 놓고 망연함에 잠겨있을 수밖에 없었다.

 몇 년의 시간이 더 흘렀다. 딸의 병고는 집안의 내력을 연결하는 신내림을 받기만 하면 신기하게도 얼굴에 화색이 돌았다. 가족에 형언할 수 없는 기쁨을 안겨준 건강은 부인할 수 없이 현실로 펼쳐졌다. 그렇게도 간절히 원했던 딸의 병이 기적처럼 사라진 것이었다. 딸이 병마에서 풀림을 받는 실상의 체험이 임해진 것이었다.

 그의 누나가 조카를 대신하여 조상신을 섬기게 되었다. 그

는 안도의 숨을 내쉬면서 해방의 기쁨을 누렸다

 가장의 입장에서의 간절한 소망은, 딸도 여느 집안의 자녀들처럼 평범하게 살면서 학업에 열중하고, 또래 친구들과 어울리면서 시기에 맞춰 결혼생활을 하는 것이었다.

 그는 하나님을 믿어야만 온전하게 살아갈 수 있다는 확신을 얻었다. 살아 계신 하나님을 믿으면 악한 마귀는 근접하지 못한다는 신념을 가지고, 지체하지 않고 출석교회를 정했다. 가족들과 함께 열심히 신앙생활을 하고 있다. 할렐루야!

 귀(鬼)자 뒤에도 신(神)이라는 말을 쓴다. 영물이라는 뜻이다. 그는 그런 신을 평소에도 눈으로 보고 몸으로 느끼며 살았다고 한다. 마귀의 추태 놀음에서 벗어나고 싶은 진심이 하나님을 믿게 된 계기가 되었다.

 세상에는 악한 마귀들이 존재한다는 것을 그의 입술을 통해서 들었다. 이 말은 명백한 사실이다. 실체의 근거가 확실하며 명확하다.

 사람은 영적인 존재이다. '영접하는 자 곧 그 이름을 믿는 자들에게는 하나님의 자녀가 되는 권세를 주셨다(요한복음 1장 12절).' 또한, 예수그리스도를 영접함으로 내 안에 예수그리스도께서 성령으로 함께 하신다.

 '주 예수를 믿어라. 그리하면 너와 네 집이 구원받으리라. (사도행전 16장 31절)'

 '만물을 창조하셨고(예레미야 51장 15절),' '졸지도 주무시지도 않으시는 하나님은(시편 121편 4절)' 우리의 모든 삶을 주관하시는 높은 보좌의 분이시다. 우리의 죄를 위하여 십자가에서 피 흘리신 예수님을 믿는다는 것은, 이 세상에서 일상의 순간마다 하나님께서 동행하시는(누가복음 24장 15절) 축복을 누리는 것이며, 하늘나라의 시민권(빌립보서 3장 20절)을 획득한 자들이라 할 수 있다. 할렐루야!

택시 전도-6

젊은 기사

　　　　　젊은 청년이 밝은 인상으로 공손하게 맞이한다. 택시를 타는 손님을 깍듯이 모시는 정심이 한결 섬세하고 정성을 다하는 듯하다. 나 자신도 좋은 감정으로 인사를 하고 말을 걸었다.
　"예수님 믿고 계십니까?"
　"네, 교회를 다녀야 하는 데 시간이 허락하지 않습니다만, 저의 어머님과 아내는 예수님을 믿고 있습니다."
　"네, 아드님을 위해 기도를 열심히 하실 것입니다. 총각 같으신데, 벌써 결혼하셨군요."
　"손님, 저 결혼하고 두 살 되는 아이가 있습니다."
　"일찍 결혼하셨군요. 인상이 참 좋으시네요."
　그는 결혼 전에 기회가 되어 맞선을 주저하지 않고 봤는데도 불구하고, 마음의 상처를 입고 돌아왔다고 한다. 상대적 가난을 느끼는 환멸을 부정할 수 없었단다.
　여느 시대와 마찬가지로 젊음의 그 자체는 세상에 꿈을 거는 활력이 있어, 도전해 보고 싶은 욕망이 떠미는 노력의 대가를 기대할 수 있는 연대이다.
　그 꿈을 무참히 짓눌리는 암담한 현실이 갈증으로 다가왔다. 본인이 처해 있는 상황에 좌절을 느끼곤 했다. 고진감래(苦盡甘來), 즉 고생 끝에 낙이 온다. 라는 말은 젊은 세대들에게는 옛말이 되어버린 현실이 되었다.
 남편의 자격은 경제 수준이 대변하는 것이라고 믿는 여성들의 눈높이가 변화하고 있는 시대가 된듯하다. 이런 현실에서 남성이 결혼하기는 하늘에서 별을 따오는 것보다 더 어려운 일이 돼버렸다. 사랑을 위하여 돈과 권세와 명예를 포기했던 사람들도 있었는데, 현실이 메마르도록 각박해졌음을 반 체험으로 느낀다.
 사랑보다 물질이 앞서가는 물질만능주의가 인간의 순수한 마음을 앗아 갔다. 그는 우리나라 여성이 결혼 상대자가 아닌 것을 깨달아 포기하고 체념하기까지 많은 시간 동안 속병을 앓는 부대낌을 치렀다
 그는 배우자를 만나기 위하여 베트남으로 날아갔다. 맞선을 보는 자리에서, 단 오 분 만에 배우자로 결정하였다. 꾸밈없이 해맑은 얼굴, 아무 조건도 내세우지 않고, 오직 남편이라는 사람을 신뢰하는 믿음뿐이라는 그녀의 순정을 읽을 수 있었다. 그녀와 결혼하고 벌써 사 년이 되었지만, 그녀의 마음은 여전히 맑은 호수를 연상케 한다. 세속에 물들지 않은, 주어진 환경과 상황에서 성실하게 노력하는 자세는 본받아야 할 존경이었다.
 '심는 자에게 씨와 먹을 양식을 주시는 이가 너희 심을 것을 주사, 풍성하게 하시고 너희 의의 열매를 더하게 하시리니(고린도후서 9장 10절).'
 그는 행복한 결혼생활을 위하여 탁월한 선택을 내린 사례에 꼽힌다. 가정의 안위를 추구하고자, 서로에게 지렛대가 되어 주고 사랑을 쌓아가는 과정을 통해 삶이 성숙하게 성장하고 있다.

형도 베트남에서 총각 신세를 벗는 인연을 맞았다. 동생보다 늦은 결혼이었지만, 흡족한 만남이었다. 결혼 전에 교제한 한국 여성이 있었지만, 그 여성이 원하는 물질적 기대감을 충족해 주지 못해서 절교를 선언하고, 결혼에 대한 부담감을 내려놓았다.

 시부모님은 두 며느리에게 감싸 안는 배려로 한국문화에 적응하는 전수에 큰 역할을 한 셈이다. 시어머님은 한 지붕 생활을 하는 두 며느리에게 신앙에 대한 믿음의 본을 보여주고 있다.

 결혼의 조건은 상대적으로 사랑이 우선순위가 되어야 하는데도 불구하고, 현실에 처해 있는 상황과 경제적인 문제가 계산적이며 이기적이기도 하다. 상대를 진심으로 사랑하게 되면, 이것저것 조건을 내세우지 않고 받아들인 순수시대는 과거의 일이 돼버렸다. 젊은 세대는 확고한 자기 애(愛)를 너무 사랑하기 때문이다. 시댁에 대한 부담감을 떨칠 수 없다는 것도, 남편의 주위에 신경 쓰고 싶지 않은 단순함을 선호하고 있다는 점이다.

 여성도 직업에 대한 확고한 의지와 능력을 내세우고 있다. 미래를 개척하기 위해 진취적인 행동은, 곧 나라의 미래라고 할 수 있다. 결혼생활에는 육아의 공동부담도 있지만, 사랑이 중심이 된다면, 부부의 미래는 행복을 누리는 가능성 충분할 것이다. 여성도 남성에게만 종속으로 기대하는 것보다, 능력이 허락한다면 경제적인 문제 건 외의 계획도 함께 짜고 설계하는 이심 동체 된 부부애에 임하는 것, 정말 바람직한 결혼관이 될 것이다.

택시 전도-7

선택의 주인

택시 기사가 먼저 말문을 열었다.

"나이가 들어가니 하나님을 믿어야겠다는 생각이 들 때가 있습니다."

"네, 저도 하나님을 믿고 있습니다만 더 나이가 들기 전에 선생님도 하나님을 믿으시면 좋겠습니다. 기독교는 종교라기보다 살아있는 역사이며 복음입니다."

그는 다시 말을 이었다. 현재는 무종교이지만 하나님을 믿을 거라고 부연했다. 여동생이 요양원에서 삼 년째 지나고 있단다. 그는 요양원을 자주 드나들면서 죽음을 맞이하는 얼굴들을 보면 엄숙하고도 경건한 분위기라고 단언하였지만, 그러나 사람마다 죽음을 맞이하는 모습은 각양각색이었다고 한다. 얼굴에 화색이 잔잔하게 퍼져서 평온하게 생을 마감하는 사람들도 있다. 또한, 천사들이 나를 맞이하러 왔다고 속삭이는 자들은 얼굴에 기쁨이 만연하게 돋아나서 두려운 기색 없이 어둠의 그림자는 찾아볼 수가 없다. 평소에 소망했던 천국으로 가기 위한 통과의례 형식을 경험하고 아름답게 이 세상을 떠나는 것이다.

반면에 회색빛으로 변한 얼굴에는 평생 경험하지 못한 억눌린 두려움으로 발작에 가까운 저항은, 허공을 향해 솟아내고 있다. 일그러진 표정, 시퍼렇게 변한 입술, 이 세상을 떠나고 싶지 않은 최후의 모습이며, 최악의 행위가 아닐지 싶다. 그들은 분명 직감적으로나, 또는 눈으로 보이는 환상을 마주하고 있는 게 명백한 사실일 것이다. 주위에 있는 사람들은 그 환상이 눈으로 보이지 않으니 확인할 수 없는 노릇이다. 다만, 임종을 맞이하는 사람들의 실체적 행위라고 할 수 있다. 그 광경을 목격하는 자들은 한숨과 무언의 비명을 지르고 있다.

 그는 죽음 후의 세계가 존재한다는 확신에 의심의 여지가 없다. 부부가 함께 교회에 출석할 것이란다. 자식에게도 하나님의 믿음을 물려준다는 것은, 이 세상 어떤 부귀와도 바꿀 수 없는 값지고 가치 있는 일이다. 영원한 생명을 얻을 수 있는 길이기 때문이다. 남편이나 아내의 믿음, 부모의 믿음으로 대신할 수 없는 믿음은, 곧 자신이 하나님을 사랑하고 예수님이 하나님의 아들이라는 점을 인정(잠언 3장 6절)해야 한다. 하나님의 말씀은 절대적 진리다. 자식들이 성숙한 신앙인으로 진솔하고 바른 삶을 살아가는 것이 진정한 승리라 할 수 있겠다.

 믿음은 결국 자신과의 투쟁일 수 있다. 하나님을 믿는다지만, 삶의 현장에서 예기치 못한 환난을 벗어나지 못할 때가 있기 때문이다. 불행한 삶이라고 원망하며 한탄할 수도 있지만, 우리는 내일 일을 알 수 없듯이(야고보서 4장 14절) 수많은 위협이 곳곳에 도사리고 있다. 순간적인 불행이 덮칠 수 있는 상황일 수도 있다. 우리는 평소 하나님과 친밀한 교제 가운데 권능의 하나님을 의지하며 보호받아야 한다.

 우리는 영적 신앙을 지향하는 자세를 갖춰 천국의 소망을 갈망하며 영원한 생명수를 누릴 기회는 오직 자신만이 선택의 주인이다.

제3부
시편

당신의 섬세한 손길
맑은 공기 한 점에
나의 숨결이 다시 살아나요.

헤아릴 수 없는 사랑

천상의 세계 희열과 환희의 연가
하늘 소망에 눈멀고 귀 막은 자는 모르리.
세상의 안목과 이생의 자랑도 한낮 물거품
당신의 은밀하고도 내밀한 사랑에 귀 기울여
잠자는 나의 영혼에 생명 불 지핀 그 감격에
나는 목 놓아 울어요.
당신을 향한 첫사랑이 애처로워
이제는 당신의 옷자락 끌어안고
내 안에 당신, 당신 안에 내가 거하는
사랑의 불꽃 타오르는 열기 속에
내 영혼 희락이 넘쳐요.
당신의 경이로운 혜안
다채롭게 펼치는 사계의 찬란
당신의 섬세한 손길 맑은 공기 한 점에
나의 숨결이 다시 살아나요.
헤아릴 수 없는 당신의 은혜
설움 삼기며 흘리던 눈물의 뒤안길에
당신의 애정 어린 손길
수십만 결사랑 한 아름 안겨주고
내 마음 언저리 녹아내려요.
돌 짝 밭 삶이 무기력하게 다가와도

당신이 오르신 골고다
십자가 아래 핏물로 얼룩진
당신의 영원한 사랑의 언약
당신이 걷던 가시밭길
나도 그 길을 따르며
내 머리에 쐬어질 화관도
사랑의 꽃으로 피어나고 싶어요.

인생길

인생길 칠십이요
강건하며 팔십 길
빈손으로 나온 손길
이보다 순수하고 아름다워
첫돌 맞아 움켜쥔 실타래
마음 판에 새긴 세상만사
큰 그릇될 거라 웃음꽃 피네.
자식에게 큰 뜻 품고
헌신을 건 아낌없는 사랑
온전한 인격체로 성장하길 바라보는
애틋한 심정이
이렇듯 간섭과 훈계도 무슨 소용이랴.

인(人) 꽃이 세상에서 제일 아름답다 말하지만
시린 가슴 한 방울 낙수에 젖어 들 때,
들꽃 한 송이에 절여 있는 애간장도
놀라며 무너져 내린 기대
부모 뜻 어긋난 절망의 문틈으로
가엾게 새어드는 깊은 한숨
의지 강한 꼿꼿한 정신으로
네 꿈이 펼쳐지길 간구하는 부모의 바람일 뿐
세파가 칼바람처럼 에워싸는 세상에

비단길이 호사이듯 찬 서리 아래
날개 죽지 접은 새 한 마리
뒹굴뒹굴 굴러도
세상의 눈길은 관심 밖
인생길 꽃피는 아름다울 때도 있다지만
한 치 앞도 내다볼 수 없는 짙은 안개 속
막막 길 헤쳐 나가지 못하는 혼자의 힘
나약한 인생 결코 버림받은 인생은 아니리.
너를 빚으신 당신의 따뜻한 손길을 외면하고
부정한 오만을 절망의 순간에 깨닫고
회개의 눈물방울 적시네.

토기장이 당신
한 줌의 새 한 마리 새롭게 빚으소서.
강물의 은혜가 순종이 되게 하시고
풍랑에 얼룩진 영혼을
당신의 능력으로 맑혀 주소서.
세파에 찌든 교만한 이 모습
온유와 사랑으로 다스리소서.
암탉이 병아리를 품듯이
당신의 깃으로 감싸시고
돌부리에 넘어져도 일으키시고
푸른 초장으로 인도 하소서.

당신의 부르심에

당신의 속삭임 나의 귓전을 울립니다.
당신의 신비한 진리의 말씀
내 영혼의 때를 씻기시고
발자국 떼어 당신 앞으로
수줍게 달려갑니다.

내가 잃은 마음의 그림자 안고
침체에 잠긴 세월의 무게
순종의 강을 건너
연약하고 부족한 나에게
영롱한 한 줄기 빛으로 다가오며
은밀한 숲에서 부르시는
당신에게로 달려갑니다.

고난의 터널에서 방황하는 나의
허물을 탓하지 않으시고
사랑으로 포용하는 당신의 은혜로
회개를 되뇌는 입술로 달려갑니다.

벼랑 끝에 선 믿음의 기도는
삶의 한계를 초월하여
영원한 생명 길로 인도합니다.

영혼을 깨우는 자갈밭 양심에
회심의 문이 열린 은혜의 눈빛으로
당신만을 바라보며 달려갑니다.

들꽃 한 송이

온 세상이 기묘한 빛 속에 있어도
우리는 칠흑 어두움에 갇히리.
짙은 외로움에 슬퍼도 눈을 감지 못하고
세상에 기대하는 헛된 욕심 버리니
쓰라린 울분에 울음 꽃도 피지 못하리.
삶의 연륜이 입김보다 가벼워
눈부신 고독과 슬픈 웃음이
정적에 사라진다.
한 줌의 햇살이 나를 비켜 가도
욕망의 속삭임만이 목마르게 갈급하곤
간교한 이기심에 매였던 헛된 집착과
소유욕이 부끄러워 낯을 가린다.
단지, 먼지뿐인 흙의 침묵이
싸늘하게-묵묵하게 대지에 들어선다.
세상 틀에 갇혀 자유를 잃어버린 영혼
이 세상 고통이 괴로움에 머물다가
바람 날개에 실려 하늘빛으로 돌아가리.
끝없이 펼칠 꿈의 자유를 사랑하리.
적막한 어둠의 색채를
붉은 심장으로 물리치리.
시린 가슴 혹한을 뚫고 일어서는
들꽃 한 송이

내 손을 잡아다오

내 영혼 뜬구름 한 점에 풍덩 잠긴다.
기쁘고 안락하다.
그 누가 삶을 행복의 저울에 기울이고 있나.
진실은 바람을 타고 사라졌는데
자신도 나란 존재를 가늠하기 어려워
영혼이 병든 상처의 아픔이
순수함을 외면했다.
당신은 볼품이 있는가.
당신은 외모가 준수한가.
내가 흠모할 수 있는지
당신의 명예로운 화관 머리에 이고
가시 뿔에 찔려 핏방울 쏟아내곤
세상에서 버림받고 초라한 몰골이 되어
골고다 언덕을 홀로 오른 십자가 사랑
나의 죄를 담당한 구원의 희생에
당신은 후회의 눈물을 흘리지 않았을지
질곡의 아픔이 내 몫인 멍에를
당신이 친히 지시고
나는 이기적이고 교만한 인간이기에
용서라는 가치를 알지 못하니
굳게 닫은 마음에서 잊혀버린 당신
당신을 외면하는 냉정한 눈길

나에게 기회를 다오.

당신은 세상의 빛이며
목마름을 해소해 주는 생명수니
어둠의 세력에 짓눌린
나의 영안(寧安)을 새롭게 하사
살아 숨 쉬는 당신의 심미
내 모습 속에 능력이 되어
만물의 주인은 겸손함으로 내게 다가와서
내 눈물이 당신의 눈물 되어
연민의 정 아련히 속삭이네.
부디, 내 손을 놓지 말아다오.
당신의 생애는 희생과 모멸을 감수하듯이
내 어이 그 길을 따라가지 않으리.
피로 얼룩진 짙고 나를 위한 고난이기에
모든 죄와 허물을 덮어 주시나니
당신이 친히 나를 위해 보여준 희생과 용서
영원한 사랑의 빛이여

생의 마지막 순간까지

복음의 기쁨이 전파되는
당신의 파수꾼 되어
나의 온몸으로 봉사하며 선행하는
두 손이 되게 하소서.
지나간 추억을 음미하며
정확한 생각과 판단이 흐려지지 않음은
모든 이를 기억하며
서로 사랑을 나눌 수 있는 기쁨이려니
자녀에게 짐이 되고 싶지 않은
부모의 깊은 뜻 이루어지게 하소서.
나의 생애 마지막 순간까지
당신께 감사하는 입술로 찬양을 높이게 하소서.
천사의 품에 안겨
천국 문으로 들어가게 하소서.

행복에 관하여

내 안에 비밀로 감추고 싶은
보물 하나
거창하게 부리는 욕심도 아니요,
원대한 꿈을 추구하며
계획하는 것은 더욱 아니다.
평범한 일상에서 느끼는
영혼의 평안함이다.
행복은 살얼음 위를 걷듯
위태롭게 깨어지고
만지면 터질 것 같은 탱탱 풍선처럼
나의 품에서 덩실덩실 춤을 추며
떠날지 전전반측이랴

양심의 성

내 자아는 선량한 이미지 속에 숨겨진
독선과 아집의 결집체다.
위선과 오만함, 거짓된 열정에
나의 본능은 좌절하지 않는다
양심과 진실이 자아를 꿰뚫고
악과 공존하는 공동체 운명이다.
선한 양심 뒷짐 지고
악은 소리 없는 총알로
거센 광풍을 불어 넣는다.
총알이 가슴에 박혀도
아픔은 진실에 녹아든다.
슬픈 가락이 자아를 흔들고
욕망의 늪이 나를 조롱해도
상처에 고이는 핏방울 순결하다.
치열하게 싸우며 경쟁하는 두 얼굴
영혼까지 짓밟지 못하는 악의 아우성
평안의 의미는 절제와 내려놓음이다.
양심의 성 하얀 깃발 숭고하다.

잊음의 땅을 벗어나

우리는
잊음의 땅으로 돌아가리니
삶이 사라지고
상실의 빗장을 채워
차가운 공기의 울림에
싸늘하게 묻혀도
행복과 기쁨의 환희도
빗물 되어 흘러간다.
고통과 아픔이 슬퍼도
우리 곁에 머물 수 없는
아쉬움에 떨고 있으니
절망의 눈빛
칠흑 짙은 두려움이 엄습할지라도
발자취 떼어 놓고 떠나지 못하는 하늘나라
세상이 나란 존재를 기억하지 않아도
그들에 대한 기억과 추억에
얽매이지 않으리라.
사람을 불신하는 거짓도
극히 인간적인 방법으로 내세우려는
나의 오만한 자존심도 내려놓는다.
시공(時空)은 사라지고
세속 물결 거센 바람 휘몰아친다.

심령(心靈) 깊이에서 영혼의 평안을
갈망하는 날개가 흐느적거린다.

고요한 적막을 깨트리는 산자의 호흡이
새벽이슬 머금은 순전한 눈빛으로
드리는 간절한 기도
그대들이여,
약속의 땅 저편에
무한한 신비의 세계는
깊고 오묘한 빛이 펼쳐져 있다.
우리는
잊음의 땅을 벗어나
영안(寧安)의 안식처에서
신성(神聖)한 샘물 들이키며
광명한 빛을 보리라.

인상

인생의 연륜이 쌓여가는 삶의 여정이다.
내면의 미묘함이 전율을 타고 얻어내는
고매한 향기다.
삶의 질풍노도는 현실의 동반자
수고의 손길에 마디를 그리듯이
심오한 그릇 안에
세월의 흔적 질곡의 부산물
곰삭은 시름을 마음결로 가다듬어
호박꽃 수수한 자태
내면에 피어나는 한 줄기 영혼의 꽃
내 얼굴 진심이 서린다.

조약돌 연가

갈무리 여물 더니
고요한 정적이 밀어의 사랑으로 일렁이고
그대 향한 나의 꿈 피워
뱃고동에 실려 보내리.
향기 짙은 감성이
바닷바람 날개에 펄럭이며
옛 시인의 노랫소리 향수에 취하여
만추의 기억 떠나지 못한 채 서성거리고 있다.
떠나도 새로운 것 없는 흔적 안고
상념에 젖은 여운이 바람결에 춤사위 한다.
철렁철렁 수련되는 슬픈 사연
바다의 몸짓이 퍼런 멍울 떠올리고
묘한 여운이 눈물겹게 귓전에 파고든다.
애환이 사무치는 그리움으로
푸른 파도 모래성 쌓고
그들의 몸부림이 흰 날갯짓을 한다.
불꽃에 타오르는 사랑의 진실을 갈망하는
영혼의 메아리

자연의 한이 빚어진 조약돌 연가-통영에서

울산바위

장엄한 기운을 품고 있는 기상을 보라!
하늘에 닿을 듯 숭고한 정신의 기세
웅장한 힘이 세상에 나와
삼라만상을 눈으로 헤아린다.
거센 비바람에도 흔들리지 않는 혼의 영령
세상 풍파를 이겨낸 천년의 역사는 무구한 염원
속세의 미물들이 자아내는 감탄의 소리
심오한 감동
신선한 설렘
그 장중함이 살아있음에
희열이 고동치며
대지에 평화의 뿌리를 내린다.
오랜 세월
기다림은 신비의 전설을 마주하며
경건한 몸가짐으로 두 손 모아
속세의 번뇌 허공에 뿌린다.
미래의 물결이 뜨거운 심장을 가지고
생동하는 환희를 부르리.
폭풍이 몰아쳐도 묵묵히 그 자리 지키며
인내하며 겸손하리라.
자연의 위엄 앞에 그 무엇을 구하든지

내세울 존재는 없는 듯하다.
깊은 골짝 아래로
나란 존재가 한없이 말려든다.
고독과 우수에 쌓인 보랏빛 구름

만물의 기도 소리 메아리 되어
세상 소용돌이 속에 휘말린다.
인생의 고달픈 외침도
하늘을 향한 탄식이듯
인간의 욕심 끝없이 보듬은
산맥 줄기

열아홉 살 꽃

 산언저리에 열아홉 살 봄 처녀의 수줍은 얼굴빛이 물들었다. 노란 개나리는 도도한 자태의 줄기를 뻗어 봄기운을 실어주고, 진달래 향취가 아름다운 마력으로 사람 혼을 눈짓한다.
 벚꽃은 어찌하랴. 이 가슴 온통 하얀 사랑에 눈멀게 하더니, 백지장처럼 홀연히 날아갔다. 그 길을 난들 어이 알기나 할까. 하나님이 창조한 섭리를 감히 미물 같은 인생이 그 뜻을 분별할 수는 없다. 고귀한 인생도 낙엽처럼 흙으로 돌아가는 이치가 아니던가. 응고된 심연의 깊이에 한 줌의 모란도 애잔하게 꽃을 피우더니, 그 순결도 빛을 잃은 채 바람결에 뒹굴고 있다.
 봄에 피는 꽃들도 춘화현상의 혹한을 거쳐 아름다운 꽃을 피운다. 꽃잎 한 닢, 한 닢이 피기까지 인고의 목마름에 생명체의 씨앗이 싹을 틔우는 것이 오묘하고 신비롭다. 혹독한 추위를 이겨내기 위한 몸부림을 겪지 않으면, 어찌 인간이 고결한 꽃 한 송이 앞에서 탄성을 지를 수 있으랴!
 사람에게 주어진 삶도 춘화현상과 같은 역경과 고난의 파도를 거쳐야 성숙한 삶의 의미를 깨닫게 한다. 시련은 인내하는 힘을 마주하고 그 힘으로 인생의 의미에 보배의 불꽃을 피어 나간다. 이 세상에 의미 없는 인생은 없다. 누구든지 각자의 삶은 소중하고 존귀한 신분을 가진 존재들이다.

인생의 연륜은 사랑을 쌓아가는 여정이다. 그 원천은 샘물이 솟듯 맑은 심성에서 우러나온다. 내가 먼저 사랑을 베푸는 자는 그 영혼도 해맑은 아름다움을 지니고 있다. 고여 있는 물보다 흘러내리게 하는 사랑은, 그 영혼의 가치와 빛깔이 풍요롭다. 더 깊은 유연의 세계를 그려내고, 세상을 바라보는 시야도 넓게 심오하게 펼쳐진다. 사랑은 천상의 환희로 노래한다. 조건 없이 주는 사랑은 참되고 위대하다.

박금숙 시인의 '사랑도 봄처럼'을 읊는다
만물이 자라는 모습 제각기 달라도/마주 보며 입김 불어주는/연푸른 봄의 숲처럼/싱그러운 사랑이었으면 좋겠습니다.
나무와 꽃, 햇볕과 바람/모두가 제빛 지니고 어우러져도/ 있는 듯 없는 듯 봄빛 수채화 같은/ 은은한 사랑이었으면 좋겠습니다. (중략)

 위 시구처럼 우리의 가슴에 자연을 닮은 싱그럽고 은은하게 피어난 사랑을 갈망하고 있는 것이 아닐까. 진정, 만물에서 우러나오는 진실은 세상을 밝히는 빛이며, 숭고의 정신이다.
 내 삶의 지난 세월이 세속적 가치관에 묶여서 순수함을 놓아버렸다. 의도된 삶의 방식일지-사랑도, 인간미도, 애틋한 정이 퇴색된 오늘이다.
 열아홉 살 꽃도 화창한 봄날을 노래했으리. 순수한 사랑을 꿈꾸면서….

춤추는 향수鄕愁병

구름아!
너는 하늘정원에서 멈추지 않는
장엄한 춤꾼이다.
낯빛 힘차게 빛나고 붉은 입술은
사랑의 생기가 넘쳐흐른다.
심성은 오묘한 신비를 쏟아내고
피안의 길을 창조한다.
산골짜기마다 고운 향내 흩날리고
샘물은 대지를 적셔 생동한다.
하늘 보좌 금빛 자태 오색구름 위에
찬란하게 발산한다.
태초부터 울려 퍼진 평화의 노래
감미로운 사랑을 불러일으키고
이 땅의 나무, 꽃
탐스러운 열매 송이로 피어난다.
청청한 하늘에 하얀 실눈이 가득하듯
어여쁜 너울 타고 나에게로 눈 맞춤한다.
내 영혼이 충만한 기쁨으로 젖어 들어,
너의 밝고 맑은 얼굴이 꿈결을 이룬다.
흐르고 또 흐르는 너의 순결에 하늘빛 붉고
뭉게뭉게 피어오르는 너를 향한 그리움
온 산을 넘나들며 새들 우짖게 하고

수풀 속 사슴 뛰게 한다.
견고한 너의 진실
모두를 흔들어 감탄을 자아낸다.
못 들은 척 고결한 성품으로
네 길을 가고 있는 구름
어두운 그림자 산자락 휘감고
천지에 구름 비가 쏟아질 듯
성난 포악함이 두렵다.
회색빛 얼음조각이 붉은 광선 뒤에
은밀하게 숨어서
스산한 기운 맴돌게 한다.
검붉은 위엄이 땅에 내려앉아
서러울 만큼 빈 허공을 가슴에 담는다.
원대한 꿈을 꿀 수 있는 근원이 너에게 있구나.
나는 그 꿈을 좇아 하늘에 발자취를 남기고
두둥실 뜬 흰 꽃밭을 옮긴 향수의 추억을
내 마음에 담는다.

구름아!
천지가 사색하는 정원이듯이
광명한 춤을 추는 너는 영원한 향수(鄕愁)병이다.

돈의 위력

세상에서 돈의 가치를 측량할 수 없지만, 사람이 재물이 많으면 많을수록 자신감이 충만하다. 행복하고 부요한 삶에 충족할 수 있는 조건이 되어, 사람을 사람답게 만들어 가는 힘이며, 권력과 수단의 도구이기도 하다.

 성경에는 '돈을 사랑하는 것이 일만 악의 뿌리(디모데전서 6장 10절)'라고 하지만, 돈을 사랑하는 것이 인간의 욕구를 채워 준다.

 사람에게 재물이 주는 풍요는 큰 낙을 누리나, 지나치면 돈의 노예로 타락된다. 돈으로 사람의 명예를 살 수 있지만, 재물은 탐욕의 근심 보따리다.

 인간의 도리를 벗어난, 혈육의 연도 몰수하는 돈 앞에서 비굴해지는 인생은 애처 하다.

 돈의 굴레에 생명의 사슬을 묶었다. 날개를 펴고 바람처럼 소리 소문도 없이 떠나는 것이 돈이려니….

운림산방

짙은 연무 숲 산, 사방 병풍에 둘린 영혼의 호흡이 내려앉는 고적한 땅, 청청한 산세 나무 아래서 솟구치는 수정(水晶) 샘물, 초원 숲속에서 새벽녘 안개꽃이 무릇 익는다.

공중의 새도 수풀에서 재잘, 앞마당에 산과 들을 들여 청초하고, 단아한 정원의 움 순은 꽃으로 피어나 생동하는 자연 입김에 채색을 불어 넣는다

진한 묵화 향 여백에 춤을 추고, 노을빛에 고뇌의 시름도 붉게 타고 있다.

깊은 밤하늘 달빛과 별빛도 상념을 사유하듯, 세속을 등진 남쪽 끝 섬 고즈넉한 첨찰산 아래

큰 별 하나, 침묵 속에 지축을 흔들어 터를 굳혀 기둥을 세우고 뜰 아래 붓 향기를 피워 안개 자욱한 날들을 지새우니 골짜기 모퉁이 이르기까지 소치 선생의 깊은 발자취

풍요로운 정신세계는 세월의 흔적을 반추하여, 견고한 뿌리마다 수정(綏靖)의 숨결 산천을 품는다. 가업의 푯대가 기상(氣像)하여 산의 정기도 후손을 감싸고 있다.

흔들리지 않은 신앙

요나의 불순종에 풍랑을 만난 배, 생명의 위기가 닥쳤다. 니느웨 사람들을 구원하기 위한 사명에 대한 불순종의 대가려니, 물고기 배속에서 요나의 기도를 들으신 하나님, 민족을 살리셨도다.

나의 이기적인 생각과 기만함에 후회를 담은 눈물이 마음밭에 심긴다. 하나님 아버지의 품으로 돌아가자. 우리는 언제든지 변심할 수 있다.

예수님을 사모하는 진정의 믿음으로 예수님과 연합한다면, 세상은 두려운 대상이 아니리. 흔들리지 않는 나만의 견고한 신앙을 반석 위에 새긴다면, 전능하신 분께서 나의 생애 이끌어 가신다.

은혜의 바다

 당신의 애절한 눈물은 은혜의 바다, 그 사랑의 눈빛으로 어둠의 궤적을 뚫고 낮은 곳에서 인류의 죄를 담당하신 그 고통의 십자가 지심이 나를 구원하시기 위해 흘리신 보혈의 피,
 당신의 연약한 육체에 내리치는 갈고리 채찍질에 뼈가 드러납니다. 초췌한 얼굴, 두려움에 떠는 맨발의 당신- 대신으로 십자가를 질 수 없는 나는-이기심 불이 활활 타오릅니다.

 당신을 내 목숨보다 더 사랑한다는 헛된 고백이 입가에 번집니다. 나는 오늘도 배신자 가롯 유다의 옷을 입고 당신의 온유함과 사랑에 굶주려 있다고 외칩니다. 소리 없는 외침은 요원한 세월 동안 당신을 기다리는 인내와 시련을 통해서- 심비(深秘)에 비치는 당신의 인자한 모습, 거룩한 빛의 세계 이제는 세상에서 당신을 외면했던 방황의 탯줄을 끊고, 숙연하게 온 마음 은혜의 바다에 잠겨 두 손을 모아 당신의 애틋한 눈길, 자비로운 미소를 감히 새겨 봅니다.

 당신이 나에게 조건 없이 베푸신 뼛속 깊은 진실이 놀랍고 비밀스러운 사유(思惟)의 능력입니다. 꽃 피는 봄이면 늘 그 자리에 생명의 환희를 안고 부활의 기적으로 오시는 당신, 영광과 존귀를 받으소서. 부활의 언약 그 진실 만방에 복음으로 전합니다. 은총의 단비에 젖은 신앙의 뿌리가 가슴을 파고듭니다.

보듬어야 할 자식 하나

늘그막에 자식 하나 얻었다.

봄볕이 아련하게 물들 때 생면부지의 얼굴이 상념의 울타리를 흔든다. 너로 인하여 경이로운 세상의 맛을 알아가는 길목에 섰다. 내 혼을 흔들어 사색의 무지개를 애틋하게 펼칠 수 있는 꿈이다. 온몸으로 고뇌하는 아픔의 흔적을 애지중지해야 할 존재다. 한 많은 삶에 고락을 함께 헤쳐 나갈 동반자다.

 내 안의 원석을 시련의 불로 갈고 닦아 빛을 밝힌다. 해산의 징검다리를 건너 고통의 열기를 품어도 묵묵히 받아준다. 심연에서 우러나오는 영혼의 속삭임에 눈망울 꽃 피운다. 볼을 비비고 내 곁에서 삶에 대한 진실에 입맞춤한다. 너로 인해 희열의 샘물을 퍼 올리는 갸륵한 정성이 이 마음에 고여 있다.

 맑고 청아한 바람의 울림이 고요를 깨트린다. 먼 하늘, 아련한 그리움에 물들인 글 한 폭 가슴에 젖을까. 무언의 길을 열어 내적인 고백의 언어를 조각한다.

 절절한 사랑으로 보듬어야 할 자식 같은 수필 하나.

제4부
체험수필

'이르시되 때가 찼고 하나님의 나라가 가까이 왔으니 회개하고 복음을 믿으라(마가복음 1장 15절).'

'

숨 가쁜 노파

　　　　　교회 건너편에 찜질방이 있다. 그 찜질방에서 화장품을 팔고 다니는 노파가 주일예배에 참석했다. 예배가 끝나고 새 가족실로 자리를 옮겼다. 갑자기 보따리를 풀기 시작했다. 예상하지 못한 뜻밖의 일이었다. 세상에 속해있지만, 그 세상 사람들에 어둠의 터널에서 빠져나오게 하여, 하늘의 소망을 붙들어 새 생명으로 거듭나게 하는 성스러운 영혼의 안식처인 곳과는 영 맞지 않는, 성도의 예를 저버린 세속적 행태였다. 그에 대한 수치심과 미안함의 빛이 조금도 없는 무심의 표면이다.
　그녀가 살기 위한 생존의 수단이겠지만, 부싯돌과도 같은 좌판을 스스럼없이 펼치는 그녀에게 '할머니, 여기는 화장품 파는 곳이 아닙니다.' 라고 말하고 싶었지만, 그사이 새 가족 팀원은 말없이 화장품을 하나씩 집어 들었다. 돈을 챙겨 드렸더니, 그녀의 입가에 헤픈 미소가 번졌다. 서둘러 남은 김밥과 다과를 챙겨드렸다.
　그녀의 뒷모습은 큰 성과를 달성했다는 만족감으로 의기양양한 듯했다. 일흔 후반쯤으로 짐작되는 그녀는, 그 연세 무색하게 화장을 짙게 하고 멋을 내기 위해 애쓴 노력이 역력했다. 교회에서 예배를 드린다는 것을 본의(本意)는 마뜩하지 않았겠지만, 무언가의 목표를 가지고 왔다는 사실이, 그녀에게 행동의 용기를 열게 한 동기이리라.
　삶의 고된 여정에서 한 모금의 생명수로 마른 목을 축이려는 심사로, 우리의 영혼은 길을 잃고 방황하고 있지 않은지- 반성해 볼 일이다. 나에게도 욕망의 본성을 늪의 그늘로 드리운 채 헤쳐 나오지 못하는 자아를 한탄하는 날도 경험하지 않았나. 그녀도 삶이 팍팍하게 허탈한 심신을 위로받기 위한 간절함으로 교회에 왔을 거라고 애써 믿고 싶었다.

 심금이 무거운 고뇌에 눌려 하나님을 부정하는 인생의 한계에 다다른 그 가운데서, 심오한 삶을 찾기 위해 몸부림쳤던 나날이 나에게도 있었다. 세월의 흐름은, 존재가치를 말살하려는 무언의 압박이 날개 치듯 했던 시절이다.

 그녀처럼 삶의 자락에 떠밀려 발 닿는 대로 각박한 좌판을 펼칠 수 있는 용기, 과연 내 마음에도 자리하고 있을까? 불행하게도 굳게 닫은 문을 열 수 있는 담대함은 내게는 없었다.

 그녀는 일주일 후 주일에도 교회에 왔다. 두리번거리는 행동은 긴장된 습관에서 나오는 것 같다. 예배가 끝나고, 점심 식사 후에 불쑥 꺼낸 콤팩트를 내 호주머니에 넣어준다. 뭐가 그리도 바쁜지 급히 돌아가는 뒷모습이 안쓰럽게 처연하여 가슴 아픈 연민이 밀려들었다. 집에서 손주들을 돌보며 편안하게 쉬어야 할 나이에, 오죽하면 삶의 끈을 놓지 않고- 위선의 가면을 쓴 채-진실의 형체가 뭉그러진 흔적 뒤에 숨겨진 그녀의 숨결이 가쁘다. 그녀의 안정된 여생을 바라며 두 손을 모아 본다.

 콧노래를 부르며 다가오는 그녀의 발걸음이 경쾌하다. 세상의 근심 걱정 다 날려 버리고, 오직 하나님을 사모하는 열정으로 매주 예배 자리를 지키는 고아(古雅)는 영락없는 성도였다. "나왔소!" 큰 목소리로 신고식을 할 때는, 나의 얼굴이 당근이 되곤 하였지만, 왠지 모를 측은함이 내포된 설렘은 기다림이었다.

 신앙에 열심과 정성인 그녀는, 조금은 성숙하고 진지하며 편안한 모습으로 다가왔다 어느 주일, 무엇인가 열심히 탐독하는 그녀 곁으로 갔다. 순간, 깜짝 놀란 나는 그 자리에 주저앉고 싶을 정도로 혼돈에 휘말렸다. 나의 얼굴색이 변할 정도로 큰 충격을 받았다. 동시에 환경의 분별력을 상실한 그녀를 꼭 끌어안고 싶은 충동을 억제할 수가 없었다. 하나님 아버지를 배신한 탕자는 바로 나 자신이었음을 반사 교사로 깨달았다.

 나의 젊은 힘과 풍성한 여력을 가쁘게 소모했던, 잃어버린 세월이 가슴을 저리게 했다. 한 영혼을 위해 영생의 복음을 전했는지, 반성의 후회가 뇌리를 때렸다.

 그녀는 단순히 화장품을 팔아 생계를 유지하는 노파일까? 위선의 굴레에서 방황하는 영혼의 끝은 어디쯤일까. 목사의 축복기도가 가슴을 울리는데, 울긋불긋한 색채를 그려놓은 당사주(唐四柱=천귀(天貴)·천액(天厄)·천권(天權)·천파(天破)·천간(天奸)·천문(天文)·천복(天福)·천역(天驛)·천고(天孤)·천인(千仞)·천예(天藝)·천수(天壽)의 12성을 담은 책을 열심히 탐독하는 그녀의 눈빛과 딱 마주쳤다. 데굴데굴 동공은 어둠에 서렸다.

 우리의 몸은 비록 교회 안에서 예배를 드리고는 있어도 한눈을 파는 심사로 우상(偶像)을 숭배하는 배교, 그녀만의 면모가 아니리라. 우리는 구원과는 관계없이 허망한 발을 내딛는 종교인이 아닌지. '성전 마당만 밟을 뿐인(사무엘상 1장 12하절)' 이방인이 아닌지, '영(靈)과 진리(眞理)로 예배에 임하는(요한복음 4장 24절)' 진정한 신앙인으로 거듭나기 위해 하나님을 불신했던 죄를 회개하며, 성령의 인도하심을 기대해 마지않는다.

성령의 역사

　　　　　　우리가 예수님을 하나님의 아들이라고 시인하고, 예수그리스도를 영접함으로써 하나님의 영(요한복음 14장 16절)이신 성령께서 우리의 마음에 내주하시게 된다. 성령은 인격을 지니신 근본 하나님이시며, 예수님의 영이시다. 우리는 하나님의 자녀 됨을 믿는 믿음의 확신을 통하여 신앙인으로 하나님과 동행하는 삶 속에 성령님의 인도함을 받는다. 영생의 복을 누릴 수 있는 하늘나라의 온전한 시민권을 상속받는 축복이 임하게 되는 것이다.
　'내가 아버지께 구하겠으니 그가 또 다른 보혜사를 너희에게 주사 영원토록 너희와 함께 있게 하리니(요한복음 14장 16절).' '그는 진리의 영이라 세상은 능히 그를 받지 못하나니, 이는 그를 보지도 못하고 알지도 못함이라. 그러나 너희는 그를 아나니 그는 너희와 함께 거하심이요 또 너희 속에 계시겠음이라(요한복음 14장 17절).'
　진리의 영이신 성령께서 세상의 모든 사람의 심령에 내주하시는 것이 아니다. 예수그리스도를 나의 구주로 영접하는 자에게만 임하는 영적 축복이다. 세상의 잣대로 보는 분별력과 갈등 속에서 치열하게 살았던 우리의 마음을 열어 친히 성령을 맞아들여야 한다. 성령과 지속적인 교제를 통하여 성령 충만한 삶을 영위해 갈 수 있도록, 무기력하게 살았던 삶에 영적인 활기와 내세의 소망을 바라보며 예수님과 영원토록 동행하는 삶을 살아가게 되는 것이다.

세상 사람들은 삶에 대한 진정한 애착을 자신에게 의지하며 부와 명예와 권력과 물질이 자기 능력과 재능으로 인해 얻어지는 행복한 조건이라고 주장할 수 있다. 오직 자신은 운명론적 사고방식에 의해 믿음의 확신을 얻는다. 그들은 내세보다 현실에 안주하는 확고한 신념을 바탕으로 희망적인 삶에 가치를 확립하기도 한다. 세상의 눈으로 확인할 수 없는 하나님을 부정하기에 성령이 임하는 능력과 권능을 알 수도 없으니 믿어지지 않는다.
 '내가 진실로, 진실로 너희에게 이르노니 나를 믿는 자는 내가 하는 말을 그도 할 것이요, 또한 그보다 큰일도 하리니 이는 내가 아버지께로 감이라(요한복음 14장 12절).'
 예수그리스도를 나의 구주로 믿는 자만이 성령의 능력으로 인도하심을 받아 하나님의 계획과 뜻을 이루어 드리는 반열에 서게 된다. 예수님의 이름으로 구할 때, 성령의 은사는 비밀스럽고 경건하며 믿는 자만의 특권으로 얻어지며, 성령은 영원토록 우리와 동행 하시고 계시는 것이다.
 이천백 년 전에 이 땅에 오신 예수님의 거룩한 행적을 이 시대에도 존재하게 된다. 성령은 하나님의 영이시기도 하지만 곧 예수님 자신이기도 하시다. 예수님이 이 땅에서 행하셨던 복음을 제자들에게 가르치시고 많은 무리에게 천국 복음을 전파하고, 병든 자를 고치시며, 죽은 자를 살리기도 하셨다. '예수께서 온 갈릴리에 두루 다니사, 그들의 회당에서 가르치시며 천국 복음을 전파하시며, 백성 중의 모든 병과 모든 약한 것을 고치시니(마태복음 4장 23절)' 하늘나라의 비밀을 전하는 이 시대 하나님을 믿는 신앙인들이 성령의 능력을 받아 복음을 전하고, 성령의 인도를 받아 병든 자를 치유하고 예언의 은사를 받는 것이다.

 성령 체험을 통하여 회심과 거듭나는 삶은 인생에 있어서 새롭고 순전하고 고귀한 피조물이며, 숭고한 생명체이다. 자신이 알게 모르게 지은 모든 죄를 생각나게 하시며, 하나님께 회개하고 자복하는 심령은 인간의 순수한 감성이 영롱한 구슬보다 더 아름다운 빛을 발한다. 인생이 위기를 맞이할 때, 성령은 우리를 도우시고 보호하시며 회복시켜 주신다. 인간은 본능적으로 불완전한 존재이다. 개개인의 기질과 타고난 성품을 경시하는 경향을 초래하기도 한다.

 인간의 나약함은 환경과 인간관계 잠재적인 인격적인 변화로 인해, 사적인 불안과 염려에 따른 공포심과 두려움으로 인해, 부정적 감정을 자인한다. 땅속에서 혹한을 이겨내는 풀 한 포기보다 못 한 연약한 시대에 우리가 살아가고 있다. 사차원 시대에 살아가고 있는 사람들은 물질과 문명의 혜택은 더 풍요롭고 윤택한 삶의 지경이 넓게 펼쳐져 있다.

 인생의 주관자는 시공간을 초월하시는 하나님이시다. 예수 그리스도를 영접하므로 하나님의 자녀들에게 주시는 축복은 성령이 함께하시는 것이다. 회심과 성령의 체험을 경험하지 않은 신앙인도 그 마음에 성령께서 임재하셔서 예수님이 나의 구주라고 믿는 믿음을 통해 하나님께 영광을 돌려야 되는 것이다.

사랑의 힘

 사람들에 따라 사랑의 행복 무게는 다양하지만, 느끼는 감정의 폭과 깊이는 내면에서 샘솟는 심연의 진동이 작용하는 것 같다. 평범한 일상에서 누릴 수 있는 소소한 기쁨에 여유를 보인다면, 행복의 가치는 삶을 윤택하게 지탱할 수 있는 묘안이라 하겠다. 너무 행복에 겨워 도취에 빠져든다면 슬며시 두려움이 몰려오는 불안감을 떨칠 수 없다. 그 불안감은 어김없이 놓칠세라 현실로 받아들이기도 한다.

 마흔네 살에 유방암으로 건강의 위기에 처했을 때, 전능하신 하나님을 만나는 것은 생애 최고의 경이로운 그 자체였다. 나에게 뜻하지 않은 육신의 고난은 큰 시련을 안겨주었지만, 정신적 상태는 최고의 기쁨이며 황홀감에 갇힌 채 하나님께 감사를 되씹곤 하였다. 그러나 내 안에 두 마음은 부정할 수 없는 의아한 섭섭함이 웅크리고 있었다. 하나님을 믿는 성도는 육신의 고난을 통하여서 만이 하나님의 임재를 체험할 수 있는 것인지, 다른 사람들은 생애 큰 위기를 경험하지 않아도 조용히 하나님의 임재를 받아들이기도 한다. 성도에게 고난과 시련을 주시는 이유는 하나님 앞에 담대하게 나와서 믿음의 의지를 굳건하게 하라는 사랑의 매가 아닌가 싶다. 하나님을 온전히 섬기기 위한 노력과 확신, 뚜렷한 사명 의식을 깨닫는 경지는 진정으로 자신을 철저하게 비우는 과정을 통해서 신앙의 참모습으로 거듭난다.

 나를 통해 계획하신 하나님의 비밀은 신비함과 인간의 생각으로는 비유되지 않는 크고 오묘하신 뜻이 있다. 나의 생명을 연장하신 계획안에 유명을 달리 한 채 하늘나라로 먼저 간 다른 생명을 대체하신 놀라운 일을 인간의 지혜로 도저히 이해할 수 없는 불가사의한 일이 아닐 수 없다. 한계가 없으신 하나님의 초월적인 사랑으로 섭리하시는 뜻을, 성숙한 믿음과 영적인 눈으로 바라볼 수 있기를 간절히 기도하게 한다. 나를 되돌아보며 구렁텅이에 빠져들어 가는 일도 허다하였지만, 그 길은 선택보다 하나님이 허락하신 시험의 단계가 되기도 했다. 끊임없는 시험의 단계를 오직 기도와 말씀이 방패가 되어 물리치기도 하며, 하나님의 인도하심은 하나님이 나를 놓지 않은 것도 주님의 한량없는 은혜가 마음속에 잠기게 한다.

 주님께서 십자가에서 흘리신 보혈은 우리의 죄를 사하시며, 죽음을 이기시고 부활하심으로 좌와 사망의 권세를 이기셨다. 죄와 저주와 사망에서 영원한 자유를 주셨다. 나의 연약한 영과 육신을 강하고 담대히 나갈 수 있도록 날마다 영성의 깊이를 헤아리곤 한다. 예언의 은사를 통하여 기쁨과 안도를 주시고, 가족과 형제와 병든 자의 안위를 위하여 끊임없이 기도하게 하시고, 응답받을 때는 세상이 주는 행복과 비교할 수 없는 성령의 역사를 체험하게 한다.

 '여호와를 향하여 말하기를 그는 나의 피난처요, 나의 요새요, 내가 의뢰하는 하나님이라 하리니(시편 91편)' 나는 이 말씀을 붙들고 내가 나를 아는 것보다 하나님이 더 나를 알고 계시기에 하나님의 역사하심에 믿음을 굳힌다. 위태로운 세상에서 살아가는 자의 안식과 안정적인 평안을 누리기 위해 간절히 소망하며 부르짖는다.

 누구에게나 삶의 연속적인 순간들은 생명의 연장선이 되어 굴곡의 길을 뼈아프게 걷기도 하고, 푸른 초원에서 마치 싱그러운 공기를 마시는 순간이라면 환희를 찬양하며 삶의 가치를 긍정적으로 유추하게 한다.

 사람들이 간절히 원하는 비단길은 오랫동안 머물 수 없는 길이다. 발이 미끄러지기도 하고, 교만의 목이 곧아서 부러질 수 있고, 잘난 척이 사람의 이목에 달갑지 않게 느껴질 수 있기 때문이다.

 내가 하나님께 더 가까이 갈 수 있는 길은, 자신을 부인하며 내 자아를 예수그리스도 십자가에 못 박아 신뢰와 겸손의 무릎을 드리는 것이 너무나도 명백한 사실일 진데, 때론 사고하는 머리와 가슴의 깊이는 주님을 배반하는 가룟 유다가 되기도 하고, 청개구리를 연상케 하는 요나의 실책에 동정 어린 연민으로 그 마음을 헤아려 본다. 나의 모습을 보는 듯 입술로는 주님 뜻대로 하소서 되씹으면 소중한 목숨도 다 내어줄 듯이 정한 작정을 하지만, 작심삼일도 되지 않은 배신과 이기심에 가득 찬 마귀가 주는 생각의 영역과 행동이 가슴을 세차게 후비고 뒤돌아서고 만다. 하염없이 흘러내리는 눈물의 줄기는 회개와 용서를 구하는 죄인이 도저히 주님의 사랑을 받을 자격 없는 자가 은혜의 보좌 앞에 스스로 나아가지 못~하는 자멸에 빠져들곤 한다.

 인간관계는 지속적인 신뢰와 진실과 사랑이 바탕이 되어야 한다. 때론 나도 상대에게 상처를 주기도 하고, 나도 상대에게 상처받기도 한다. 내가 상대에게 받은 상처로 인하여 믿음의 깊이가 바닥으로 떨어질 때는, 어리석은 공상이 마귀의 밥이 되어 주님 곁으로 가는 길이 어렵고 멀어지는 상황이 되기도 한다.

 내가 경외하고 신뢰하는 하나님이 우선시 되지 않은 채, 악의 세력을 분별할 수 있는 영안이 멀어져 있어, 때론 내가 무너지는 기회를 주게 된다. 주님께서 친히 나에게 말씀하시기를 "너에게 상처를 끼치는 자에게 용서의 빛으로 품어라." 하신다.

'너희가 사람의 잘못을 용서하면 너희 하늘 아버지께서도 너희 잘못을 용서하시려니와 너희가 사람의 잘못을 용서하지 아니하면 너희 아버지께서도 너희 잘못을 용서하지 아니하시리라(마태복음 6장 14~15절).' 상처를 입은 나의 마음을 위로하시며, 용서의 의미는 오직 사랑의 힘이기에 진정한 승리의 삶이 되도록 인도하신다. 또한, '너희가 너희를 사랑하는 자를 사랑하면 무슨 상이 있으리요, 세리도 이같이 아니하느냐(마태복음 5장 46절).'

 나도 흠과 허물 속에서 어리석은 자고의 마음이 되어 사랑하는 자를 사랑하게 되고, 마음에서 벗어난 자는 미움의 대상에서 낙인을 찍고 만다.

 성도에게 신앙의 위기는 인생에 큰 역경을 초래하게 한다. 날마다 하나님과 영적교제의 연합을 위하여 인내의 산고를 겪어야 신앙의 의지를 다지게 한다. 하나님은 사랑이시다.

 하나님의 침묵은 두려운 심령에 얼음조각보다 더 열악한 엄동에 떨게 한다. 어떠한 환경과 상황이든 회개하고 돌아온 자는 풍성한 은혜를 베풀 준비를 항상 겸비하고 계시는 것을 나의 작은 믿음으로 짐작되지 못한 일이지만, 하나님은 곧 사랑이시다. 자신이 만들어 놓은 한계를 뛰어넘지 못하고, 당신과의 영적 교감과 교통 성령과 동행을 이루지 못한 믿음이 주는 분량의 부재라 할 수 있다.

 때론 하나님 앞에 나 자신이 두 마음을 품는다는 것은 하나님께 불순종으로, 주님의 마음에 합당치 않은 세상에 대한 기대가 이면에 노출되어 불평과 불만의 여지를 삭이지 못하는 부끄러운 나의 모습이 오늘 회개의 문안에서 가슴을 찢는다.

속을 가만히 들여다보니

우리의 안식처는 침대 한 칸이 유일한 공간이다.

　　　　우리는 불안과 두려움이 엄습한 가운데 육신의 아픔을 치료하기 위해 침대 한 칸씩 배정받았다. 지나온 삶의 색깔은 각양각색이지만, 지금은 네 명의 생명이 공동체 운명이 된 듯하다. 나이와 살아온 삶의 방식과 주어진 환경도 다르지만, 이 순간은 측은지심으로 서로를 위로하고 있다.
　그녀들의 지나온 삶은 주어진 생업에 충실하며 최선의 목표를 향하여 몸과 마음을 아끼지 않았다. 그러나 노년에 이른 생활은 빈곤의 상태를 벗어나지 못하였지만, 몸의 세포들도 정상을 벗어나고 말았다. 마음은 늘 외로운 방황의 그늘을 벗어나지 못한 채, 마음 밭에는 검은 그림자가 드리워져 있다. 그녀들의 속을 가만히 들여다보니, 형형색색의 꽃들이 엉키고 메말라서 만지면 바싹 부서져 버릴 것만 같다.
　그녀들의 외면에 나타나 있지 않은 속병을 겪으면서 인생의 황혼 길은 드세고, 그 길은 평탄치 않은 가시밭에 맨발을 딛고 있는 듯하다. 그러나 사치스러운 여유를 부린다면, 마음 한구석은 따뜻한 인간의 열망이 식지 않아 포근한 정을 받아들일 수 있는 여유가 깊은 유대감을 가지게 한다.
　1번 침대를 사용하고 있는 그녀는 여장부 같은 기질을 가지고 삼십 년 동안 시장에서 생업을 이어 나갔다. 식성은 입맛이 너무 좋아서 밥을 몇 공기나 먹을 수 있는 대식가였다.

입원 전날, 식은땀이 흐르고 몸이 주체할 수 없을 정도로 통증을 느껴서 병원차로 병원에 이송되었다. 의사의 처방은 신장의 결석이 염증을 일으켜 수술을 한 달 뒤로 미뤄야 한단다. 우리는 밤이 되면 그녀의 특정적 기질을 알 수 있었다. '자식이 없는 이 사람이 가엾고 불쌍한 사람이니 선처를 바란다.' 또렷한 잠꼬대였다.

그녀는 지난밤의 잠꼬대는 아랑곳하지 않고 아침부터 큰아들, 작은아들 자랑과 칭찬이 침을 마를 지경이다. 그녀의 심리적 현상은 타인에게 약한 부분을 드러내고 싶지 않은 비밀을 마음 한구석에 간직하고 있었다. 그로 인하여 내면에 잠재하고 있는 고독과 외로움이 가면의 탈을 쓴 채, 어느 장소를 불문하고 드라마의 대사처럼 공간을 장식하게 된다.

2번 침대를 쓰고 있는 그녀는 가녀린 체구지만, 마음은 바다처럼 넓은 아량과 이해심을 간직하고 있어-나에게도 힘이 되어 줄 것만 같은 기분이다. 건강한 모습으로 칠십 년 넘게 생을 이어왔는데, 대장에 이상이 생겨서 입원하게 되었다. 그녀의 푸념은 환경과 부부관계가 원만하지 못하여, 마음의 병은 곧 육신의 아픔으로 나타난다는 것이다. 보수적인 남편을 평생 받들고 살자니, 억장이 무너져 내려 마치 살얼음판을 걷는 기분이란다. 나는 그녀에게 예수님을 믿어보라고 권했다. 생에 대한 애착을 느낄 수 없다는 그녀를 바라보며 진정으로 그녀가 예수님의 사랑을 체험하고 소망을 가질 수 있도록 복음을 전하고 싶었다. 그러나 별로 탐탁하게 느끼지 못하는 그녀의 표정을 읽을 수 있었다.

4번 침대의 그녀는 팔순이 넘어 보였다. 왜소하고 깡마른 체구를 가졌지만, 목소리는 힘이 있고 상대방을 편하게 대하는 지혜가 엿보였다. 삼십 년 동안 식당을 경영한 저력이 온갖 풍파를 잘 견디게 하는 힘이 된듯하다. 무슨 병으로 침대를 차지하고 있는지 알 수는 없었지만, 외로움에 지친 그늘 진 하루의 생을 이어가는 것은 기적이라 느꼈다. 의사인 아들은 외국으로 떠났고, 어머니의 퇴원을 미루어 보아서 큰아들은 사업이 우선순위가 된듯하다.

  추위를 타는 그녀에게 머플러를 목에 감싸주고 등에 붙이는 난로를 붙여드렸다. 아주 사소하게 나누는 정 속에서도 감동은 눈시울을 적시게 한다. 그녀는 평소에 친밀하게 나누는 정에 굶주린 넋 잃은 슬픈 목마를 연상하곤 한다. 그녀의 침대 곁에 우리는 오손도손 모여 순두부와 황태찜 레시피(조리)를 알려달라고 조른다. 기계에 돼지고기를 잘게 갈아서 볶고 몇 마디하곤, 다음 순서는 정성을 다하는 것이란다.

  나는 진정으로 그녀들의 냉가슴을 따뜻이 위로해 주고 싶은 마음이다. 그녀들의 넋두리에 귀를 기울이고, 아주 사소한 일에 신경을 써도 내 마음을 아는 듯했다. 예수님이 병자를 치료하신 것 같이, 나도 예수님을 의지하는 믿음으로 기도의 끈을 놓지 않았다. 1번, 2번 그녀들이 퇴원한다는 소식을 듣고 섭섭함이 앞섰다. 나는 이별 파티를 전복죽으로 대신하였다. 그녀들이 집으로 돌아가는 모습이 왜 그렇게 처량하게 보이는지, 삶의 무게에 육신의 아픔을 한 짐 더 올려놓은 듯이 발걸음이 무겁게 보였다.

  사람에게 병이란 예견하지 못한 채 세포들이 정상적인 범위에서 이탈하고 반란을 일으키는 것이 아닐까? 나는 강하고 담대하며 정신력으로 삶을 지탱한다고 하지만, 속은 그렇게 헤쳐 나갈 여력과 기력이 무너지는 것 같다. 또한, 평생 건강에 이상이 생기면 의사의 도움을 받아 치료되고 일상으로 돌아가는 과정은 육신과 정신이 차별하게 병마와 싸워 극복하는 것이기도 하다.

 나는 3번 침대에 누웠다 일어났다. 멍한 순간들이 벅차게 살아온 일상에 쉼이라고 위로하기도 한다. 나는 폭풍과 파도의 위력 앞에 나약한 인간이 되어 한낱 조각배보다 못한 존재라고 깨달아 가는 모습은 절망과 포기가 아니었다. 전지전능하신 하나님 앞에 회개하며 연단의 연속성 아래 예수님의 생명으로 영원한 소생과 그 의미를 알아가는 계기가 되는 것 같다. 나의 병약함에 쉽게 무너지는 나약함을 주님의 강한 능력의 손길을 펼쳐주시는 은혜가 간절함이다.

 며칠을 동고동락한 그녀들의 남은 생애가 병마에서 해방되어, 예수님의 사랑을 누리고 동행하기를 나도 진정으로 애를 쓴다. 나도 내일이면 퇴원하는 데, 4번 침대의 그녀를 홀로 두자니 내 마음이 진정이 안 된다. 그녀도 섭섭한 기색이 말로 표현할 수 없을 정도로 한숨을 내쉬면서 나와 함께 떠나고 싶은 심정이란다. 그녀의 건강과 거처를 위해 손을 잡고 예수님께 도움을 청했다.

 나의 몸에도 가시가 생겨서 의사의 도움으로 치료받고 일상으로 돌아가기 위한 몸짓을 한다. 때를 따라 돕는 하나님의 은혜는 나의 생명을 지탱하는 영원한 생명수이며, 쉼 없이 활력을 공급하고 인도하시는 성령의 역사하심이다. 또한, 구원받지 못한 한 영혼을 위해서 내가 하나님께 쓰임을 받을 수 있다면, 내 몸에 가시도 마다하지 않겠다는 일념이 앞섰다. 감히 하나님의 계획하심을 알 수 없는 일이지만….

 내가 퇴원한 다음 날 2번 침대의 그녀로부터 전화가 왔다.

"제가 아무래도 예수님을 믿는 사람이 되어야겠어요."
 그녀의 방황이 육신의 아픔으로 인해 마침표를 찍은 것에 얼마나 감사한지, 조금은 밝아졌을 그 얼굴이 보고 싶다. 그녀의 생애가 좌절에서 벗어나 성숙한 신앙인으로 거듭날 것임을 믿어 의심치 않는다.
 죄인 한 사람이 회개하면 하늘에서는 회개할 것 없는 의인 아흔아홉으로 기뻐하는 것보다 더하리라(누가복음 15장 7절).

사람이 내 안에 거하지 아니하면

　　　　　　생면부지도 없는 사람은 물론이고, 지인이나 친인척에게 전도한다는 것은, 그리 쉬운 일이 아니라는 걸 예수를 믿는 사람들은 경험했을 일이다. 지인이나 전도의 대상자를 만나도 냉가슴 앓는 속으로 자책하누나 입술이 열리지 않아, 상대방의 눈치를 살피면서 세상 이야깃거리로 헛된 시간을 보내고 헤어지는 일이 다반사다.
　형제에게 전도한다는 것이 그나마 쉬운 일 같이 여겨지지만, 생면부지의 사람보다 더 어려운 대상이 안면 익은 그들이다. 그들은 내가 기도하는 세월이 몇십 년이 흘렀어도, 여전히 옹 고집한 종교의식에 사로잡혀 있다. 큰 문제는 지금 전심으로 섬기는 신이라 믿고 있다는 우상숭배를 우상이라 생각하지 않고 있다는 안주이다. 그들의 변은 이렇다.
　만약에 다른 신을 믿는다면, 이전에 믿었던 신에게 배신행위가 되어 집안에 우환이 온다든지, 자식들이 해를 입게 된다는 두려움과 암흑의 궤계에 곤경을 당한다는 잠재의식에 눌려 앉아 있다는 안타까움이다. 지금 믿고 있는 신에게 복을 받아서 자식들의 행복을 지켜주고, 본인들도 무탈하게 살아가고 있다고 자부하는 모습이 허망 그 자체임을 도무지 깨닫지를 못하고 있다. 사람에게 주어진 여생을 가늠할 수 없지만, 지옥에 간다고 해도 예수를 믿지 않겠다는 윗니의 말속에서 마귀의 흉계를 볼 수 있다. 눈에 보이지 않는 마귀의 계략은, 친밀하고도 은밀하게 사람들을 악의 구렁텅이 속으로 내몰아치곤 한다. 하나님의 사람으로 변하는 걸 절대로 용납하지 않고, 지옥으로 이끄는 악랄한 수단을 동원하고 있다.

'네 고집과 회개하지 아니한 마음을 따라 진노의 날, 곧 하나님의 의로 우신 심판(로마서 2장 5절)' 이 이르기 전에 구원을 바란다는 심정의 기도가 하늘나라에 상달되기를 두 손을 모아 본다.

하나님께 순종하지 못한 버러지 같은 인생도 어떠한 환경이나 역경 속에서 하나님의 음성을 듣는다면, 회심의 은혜를 체험할 수 있다. 신비하고 일생일대의 획기적이며, 인생의 전환을 맞이할 수 있는 절호의 기회. 세상에서 부패 된 더러운 행실을 벗어던지고, 생명의 씨앗으로 열매를 맺을 것이다.

예수님을 믿고 있는 사람들도 진정으로 영혼에 관심이 있다거나, 기도하고 전도해야겠다는 투철한 사명 의식에 확고한 의지로 실천하는 행동이 스스로 들 때는, 부연하게 일어나는 과감한 용기가 필요하다.

하나님을 믿는다고 자부하는 사람 가운데, 예수님을 위해 '죽으면 죽으리라(에스더 4장 16절 하)' 라는 믿음을 가지고 있는 사람 수 과연 몇 명이나 될까. 교회에서 예배드리는 자들은, 다 성스럽고 거룩한 인품을 가진 사람들의 공동체인 듯하다. 그러나 우리는 착각 속에서 늘 방황하며, 죄인의 그늘에서 세속적인 가치관과 탐욕을 좇는다(에베소서 4장 22절).

'그러므로 우리가 그의 죽으심과 합하여 세례를 받았으므로 그와 장사 되었다(로마서 6장 4절).' 고백은 허울의 표면에 지나지 않는다. 그러므로 '썩어짐의 종노릇(로마서 8장 21절)'

을 벗지 못하는-옛 습성을 좇는 정신에 지배받고 있다.

하나님은 우주 만물을 주관하시고, 티끌에 지나지 않는 우리를 위해 오늘도 눈물을 흘리신다(요한복음 11장 35절). 우리가 처한 곤경의 사정을 너무도 잘 알고 계시기 때문이다.

하나님께로 돌아가는(호세아 6장 1절) 행보가 곧 순종의 길이다. 실수와 허물도 감싸주시는 분이시며, 우리에게 영생을 허락하시고, 죄 사함을 위하여 죄도 없으신 독생자 아들 예수를 이 땅에 보내신 기적은-사람으로부터 고초와 멸시와 핍박을 당하신 것은-우리의 죄를 사해(마태복음 6장 12절) 주심이었다.

예수님의 사랑을 믿고 의지하는 자들은 영생의 복을 받았으니, 이 세상의 복과 비교할 수 없는 영적인 삶을 입은 자들이다. 그 입술로 예수님의 지상명령이라 할 수 있는 증인(사도행전 1장 8절)으로 나서야 한다. 하나님의 소망인 세계 복음화(마태복음 6장 33절)가 세워지는 획기적인 반열에서 쓰임 받는 자들은, '각 사람에게 그 행한 대로 보응 하시되(로마서 2장 6절).' 말씀처럼 하늘의 상급(면류관=통치와 지위)이 기다리고 있다.

형제뿐 아니라, 부부간 부모나 자식의 관계에서도 전도하기 힘들다는 건 명백한 사실이다. 죽어가는 영혼을 위해 눈물을 흘리며, 애간장이 녹아내릴 듯 애타게 부르짖는 기도는 반드시 이루어질 것이라 확신한다. 한 생명이 소중하듯, 그 영혼의 거처는 예수님과 동행하는 삶이다. 미래의 삶까지도 온전히 보장해 주실 것을 믿고 나가야 한다. 천국의 시민권(빌립보서 3장 20절)을 획득하는 것은, 영원한 생명의 길이라 할 수 있다.

친구나 지인이나 일면식도 없는 사람들에게 우리 신앙인들은 성령의 운동으로 살아 숨 쉬는 본을 보여야 한다. 심장에서 지펴진 열망의 불을 드러내 보여야 한다. 전도를 받아들이지 않는 사람, 즉 상대방이 거절 의사를 표시할 때는 "예수님 믿고 구원받으세요" 단어를 꼭 각인시켜야 한다.

상대방이 복음(좋은 소식)을 잘 받아들인다면, 누가 전도가 어렵다고 말할 것인가. 마귀와 싸우는 영적 전쟁에서, 하나님 말씀인 능력에 힘입어 한 영혼의 구원을 위해 전장 터로 나가야 한다. 하나님을 경계하며, 부정하며 종교적 관습에 얽매여 있는 자들은 성경을 지식으로만 알고 있는 구원 밖에 사람들이다.

성경 말씀은 시대를 초월한 역동의 진리를 내포하고 있다. 머리로서가 아닌, 피가 샘솟듯 하는 동력의 가슴으로 경이의 환희를 맛보게 한다.

죄인인 우리를 하나님께서 선택하여 주신 그 은혜에 감사하며, 복음을 담대하게 전하는 입술이 되어 고집불통으로 도대체 하나님을 믿지 않아 측은하기 짝이 없는 저들이 한시바삐 주님의 품으로 돌아오기를 간절히 기도한다.

'사람이 내 안에 거하지 아니하면 가지처럼 밖에 버려져 마르나니, 사람들이 그것을 모아다가 불에 던져 사르느니라(요한복음 15장 7절).' 말씀이 응해지기 전에, 저들도 두 손 높이 들고 하나님을 찬양하는 기쁨을 갖기를 원한다. 인생의 주인은 교회의 머리이신(에베소서 1장 22절 하) 그리스도이다.

예수님 한 분 외에 다른 구원자는 없다.

삶과 죽음

빈 세트 반 고호는, "삶은 소중하고 값진 것"이라고 말했다. 이처럼 인간의 생명은 존엄하고 숭고하나 유한한 존재라 할 수 있다.

인간은 울음을 터트리며 세상을 대면하고 죽음에 직면할 때는, 편안한 죽음을 맞이할 수 있는 것이 우리의 소망이라 할 수 있다. 사람이 병고를 겪거나 사고로 맞게 되는 죽음, 그러나 자신을 살해하는 자살행위는 인간의 도리가 아니다. 모든 인간에게 차등 없이 부여된 수명을 다하고, 필연적으로 닥쳐올 개인적 종말이 복된 죽음일 것이다.

인간이 태어나는 것은 순서가 있지만, 죽음에는 순서가 없다. 부모보다 자식이 앞서서 가기도 하고, 예견하지도 못한 갑작스러운 죽음은 사랑하는 가족들에게 큰 상실감에 빠져들게 한다.

성경에서 다윗 왕은 '우리의 연수가 칠십이요 강건하면 팔십이라도 그 연수의 자랑은 수고와 슬픔뿐이요, 신속히 가니 날아가나이다(시편 90장 10절)'라고 말했다.

인생의 여정은 시련과 역경의 연속이지만, 저마다 주어진 환경에서 희로애락을 느끼는 삶을 영위하고 있다. 그러나 사람들은 영원한 삶을 누릴 것 같은 착각 속에서, 너무나 당당하게 자기의 의를 과시적으로 분출하는 교만과 오만함이 극치에 달해 있다.

사람이 자기 뜻을 이루려는 만족과 목표에 이르지 못한 좌절감은, 실망과 염려로 인해 두렵고 소극적인 삶을 살아가기도 하지만, "실패는 성공의 어머니다."라고 말한 사람은 토머스 에디슨이다. 실패와 위기 속에서 좌절하지 않고, 인내하며 목표를 세워 노력과 능력을 발휘할 수 있는 지혜의 사람도 있다. 지혜로운 사람은 분별력과 판단력·통찰력으로 추진력을 갖춘 사람이다.

 독일 작가 에른스트 블로호는 "인간은 끊임없이 희망을 품는 존재"이기에 희망은 눈에 보이진 않지만, 확신과 신념의 힘으로 비전과 꿈을 슬기롭게 키워갈 수 있는 척도라 할 수 있다.

 인간의 다양한 감정은, 기쁨과 슬픔의 경계선을 넘나들며 자기 성취감에 대한 보람과 긍정적인 사고를 지니고 있다. 결핍된 슬픔을 외로운 둥지 안에 갇혀 있게 하는 것이 아니라, 자신을 성찰하고 단련하여 성숙한 내면을 다지기 위해 포기하지 않는 의지와 노력은 삶을 풍성하게 만들 수 있는 저력이다.

 사람은 어떤 모습으로 인생을 살아왔는지 반추해 보지만 지난 삶의 그늘을 벗어나지 못한 채, 집착과 연민이 경직된 속박에 갇혀 있다. 추억과 기억의 흔적을 나열해서 그 방식 안에서 족쇄를 채우는 아집으로 괴로울 때, 삶의 활력은 상실되기 마련이다. 사람이 미래를 바라보는 안목과 관점은, 무한한 가능성을 지향하게 하며 삶의 질도 윤택하게 만들어 간다. 누구나 행복한 삶을 영위하고 축복받은 인생으로 살고 싶은 욕구는 깊이 잠재되어 있지만, 뜻과 계획대로 실행해서 나가는 방향이 쉬운 일이 아니기에, 사람은 때론 절망의 늪에 빠져들기도 한다.

 인간의 변화무상한 삶에는 참된 만족은 존재 자체가 없을 듯하다. 축복을 입은 삶이라도, 드러낼 수 없는 고통과 피폐된 아픔을 겪지 않은 사람이 없기 때문이다.

 사람은 때로는 무가치한 것에 애정과 힘을 쏟기도 하고, 그렇게 섬기는 무모함이 안타까울 때도 있다. 인간은 영적이며 인격체이기에 하나님과의 인격적 교제가 잘 연합된다면, 세상의 모든 욕심과 탐심은 헛된 망상에 지나지 않다는 사실을 깨닫게 한다. 나 또한 무가치하고 무의미한 것에서 생명줄을 걸고 살았던 일이 후회로 돌아오기도 한다.

 나는 여린 나약함을 다시 숨을 들이켜 절망하지 않는 강인한 의지의 삶을 유지하고 싶다. 고난과 시련-단념과 체념 속에서 긍정적인 사고와 감사로 채워졌다.

 나의 지난 삶을 돌이켜 보면 건강에 위기가 찾아왔을 때, 하나님을 만나는 기적을 체험하게 되었다. 나에게 역경과 시련의 폭풍이 밀려오는 상황에서 혼란과 두려움이 엄습하였다. 그 두려움을 극복할 수 있었던 것은, 하나님의 존재를 나는 인식했기 때문이었다. 땅속 깊이 내린 뿌리와 달리, 여린 새싹같이 나약한 존재에게 불가항력으로 인도하심은 생명력을 잃은 영혼을 소생시키며 새로운 영적 시야가 확장되어가는 계기가 되었다.

 인간의 본질적인 사고로 이해할 수 없었던 하나님의 신비한 비밀은 경이롭고 실체적이다. 내 마음은 형용할 수 없는 감격과 하나님에 대한 존재를 인식하며, 나에게 긍휼을 베푸신 확실성으로 인하여 내면은 온통 폭발하는 화산의 열기 속에 사로잡혔다. 만물을 창조하시고 운행하시는 그 창조주가, 나의 하나님 아버지란 사실이 두렵고 떨렸다. 친히 나에게 베푸신 하나님의 사랑은 측량할 수 없는 기적 같은 일이었다.

 나의 절실한 참회의 고백은, 영적인 소경에서 벗어나 한 줄기 빛을 향해 달려가는 죄인의 참된 몸부림이었다. 하나님의 임재는 내 삶의 전환에 획기적이며, 근원적인 인간의 가치를 부여하고 삶의 모든 영역을 주관하고 계신다. 세속적인 자기 중심의 삶을 포기한다는 것은, 낮아지고 인내하는 기다림도 있지만, 하나님을 느꼈던 그 감격들이 영원히 지속할 수 있도록 나는 날마다 기쁨과 은혜의 눈물로 가슴을 쓸어 낸다.

 사람이 죽음을 두려워하는 이유는, 아직 생명력이 엄숙하고도 인간애에 대한 간절한 열망이 끊어지지 않고 있다는 증거이기도 하다. 우리는 거부할 수 없는 인간의 숙명을 받아들이기에 앞서 영혼의 안식을 위한 마음 깊은 내적 고백은, 하나님 나라에 대한 소망을 갖는 데 있다.

 인간이 죽음에 이르는 육신의 안식처는 자연과 하나 되어 평온을 꿈꿀 것이다. 사람의 영혼이 빛의 광선을 따라가는 시공의 안식처는-좁은 길이라 누구에게나 천국 문이 열려 있지 않다. 육신과 영혼의 분리는 곧 죽음이다. 영혼은 영원히 존재하고 있다.

 누구든지 영혼이 편히 쉴 곳을 위하여 기도하는 자세가 된다면, 우리는 죽음을 통해 초월적인 영광을 영원히 누리게 될 것이다.

마귀와 대적

나폴레옹은 "인간에게 불가능은 없다."라고 말했다.

　　　　인간에게 주어진 잠재력은 불굴의 의지에 도전하고 성취하는 정신세계에서 비롯한다. 인간에게 해를 끼치는 물체를 발명해서 인류의 생명을 앗아 가는 일도 비일비재 늘었다. 문명의 발달은 한계가 없듯이, 하루가 다르게 변화의 도약을 거듭하고 있다.

　인생길은 순탄하지 않다. 거세게 몰아치는 폭풍의 소용돌이와도 같은 위기에 직면하면서 삶을 영위하고 있다.

　"인간에게 불가능은 없다." 나폴레옹의 이 말은 역으로 인간에게는 분명한 한계를 느낄 때가 있다는 뜻이기도 하다. 아무리 하늘을 뚫을 듯 의기가 기세할지라도, 그 한계를 뛰어넘을 수 없는 것이 인간의 나약이다. 바람의 실체는, 은은하게 감미롭게 불어올 때 행복을 동반한 안정된 삶으로 비유할 수 있다. 그러나 그 큰 위력의 회오리바람이 지나간 자리에는 폐허만이 남게 된다. 무참하게 짓밟힌 절망과의 마주이다.

　회오리바람이 언제 우리를 삼키려는 위협으로 닥쳐올지는 모르겠지만, 감미롭게 불어오는 바람결에도 우리를 위기로 몰아가는 악한 영들의 실체가 있다는 점 상기할 필요가 있다. 선한 자도 악인에 의해 희생당하는 고초를 겪을 수 있다고 성경은 말하고 있다.

　영안이 열린 사람은, 악한 영들의 실체 확인이 가능하다. 그 사례는 우리 주변에서 온갖 죄악으로 날뛰는 사람을 통해 확연하게 볼 수 있다. 요한복음(12장 6절)에서 예수를 은 삼십에 판 가룟 유다의 경우처럼, 악한 영도 사람을 도구로 삼는다. '그러므로 사탄의 일꾼들도 자기를 의의 일꾼으로 가장(고린도후서 11장 15절)' 한다.

 마찬가지로 하나님을 믿는 사람들도 하나님이 부여하신 성령의 능력을 통해서(사도행전 2장 1~13절), 선한 사람으로 쓰임을 받고 있다. 영적 갈림길에서 우리의 자유의지는 진리의 영과 악한 영을 선택할 수도 있다.

 광명의 천사로 탈을 쓴 악한 영들은(고린도후서 11장 14절) 선한 영들을 향해 둔 유혹의 손길을 끊임없이 내밀고 있다. 영을 분별하는 능력이 중요함은 두말할 나위가 없다(요한일서 4장 1절). 미혹의 영은 오늘도 수단과 방법을 가리지 않고, 하나님을 믿는 성도에게 요사로 집착하며 어둠의 지하 세계로 끌어들이려 한다. 하나님께서 베푸신 축복의 자리를 박탈하려는 노력이 지나 하게 끈질기다.

 육신의 눈으로 확인될 수 없는 악한 영들의 실체를 성경은 마귀라고 가르치고 있다. 나도 악한 영으로 인해 수많은 공격을 당했다. 육체적으로 몸싸움을 하거나 말다툼을 벌이는 간교함도 마귀가 조정하게 한다. 마귀의 공격을 당하면 제일 먼저 무서운 두려움에 떨게 된다. 분별력을 잃게 한다. 그 공포는 형용할 수는-이해하기 힘든 복잡성에 빠트린다.

 그러나 마귀라는 실체를 알게 되면, 그 사슬에서 얼마든지 헤쳐 나올 수 있다. 그 표본이 성령에게 이끌린 광야 사십일 금식 중에 떡과 하나님의 아들이거든 성전 꼭대기에서 뛰어내려 그 증명을 보이라는 시험과 자신(마귀)에게 엎드려 경배하면 세상에 있는 것을 주겠다는 유혹을 '다만, 주 너의 하나님께 경배하고, 다만 그를 섬기라(마태복음 4장 10절)' 말씀으로 물리치신 예수이다. 기도 외에는 이런 능이 나타날 수 없음(마가복음 9장 29절)의 본을 몸소 보이신 것이다.

 나는 마귀의 공격을 받고 내가 기거하는 방에서 삼일 금식 기도를 하리라는 결단을 내렸다. 먼저, 나의 허물을 깨닫고 자복하는 심정으로 하나님의 은혜를 구했다. '하나님의 말씀은 살아있고 활력이 있어 좌우에 날 선 어떤 검보다도 예리하여 혼과 영과 관절과 골수를 찔러 쪼개기까지 하며, 또 마음의 생각과 뜻을 판단하나니(히브리서 4장 12절)' 말씀을 붙들고 몸과 마음을 다 바치는 절박한 기도를 올렸다.

 '내가 그리스도와 함께 십자가에 못 박혔나니, 그런즉 이제는 내가 사는 것이 아니라, 오직 내 안에 그리스도께서 사시는 것이라. 이제 내가 육체 가운데 사는 것은 나를 사랑하사 나를 위하여 자기 자신을 버리신 하나님의 아들을 믿는 믿음 안에서 사는 것이라(갈라디아서 2장 20절).'

 이 말씀은 나도 예수님과 함께 십자가에 못 박혀 죽었으므로, 나란 존재는 사라졌다는 의미를 지니고 있다. 오직, 내 안에서 예수님만이 살아 계셔서 역사 하시고 계신다는 섭리의 귀띔이다. 예수님의 이름이 나의 무기가 되는 방패로 삼아서(에베소서 6장 16절) 폐부 깊은 데서 전심전력하여 예수의 이름으로 기도하는 것이다.

 마귀를 물리친다는 것은 오직 하나님의 은혜 안에 거하며, 긍휼과 자비하심을 구하여 응답하시는 하나님의 역사 체험을 입는다. 나의 기도에 응답하시는 하나님은 나와 동행 하시고 계신다는 확신은 진실이다. 악한 마귀를 물리치는 것은 영적인 전쟁이라 할 수 있기에, 예수님의 능력을 구하는 도리밖에 없다. 악한 마귀를 물리칠 수 있는 기도의 힘은, 예수님의 능력을 덧입는 은사이기도 하다.

'하나님의 아들이 나타나신 것은 마귀의 일을 멸하려 하심이라 말씀하시고, 또한 마귀를 대적하라. 그리하면 피하리라(야고보서 4장 7절).'

천지 만물을 창조하시고, 그 운행을 주관하시는 하나님께서 사랑하시는 독생자를 이 땅에 보내주셔서 십자가의 고난을 겪으셨고, 그 죽음을 부활로 이기시고 인류의 죄와 사망의 문제를 해결하셨다.

예수님이 친히 나에게 말씀하시기를 '너의 죄를 위하여 나는 십자가에서 못 박혔다.' 예수님의 고통 어린 말씀이 나의 귓전을 울렸다.

나는 설익은 종교인으로 교회 마당을 드나들 때는, 나를 위한 십자가의 희생에 의구심을 품고 있었다. 진정을 모은 예배를 드릴 때, 그 회의심은 산산조각으로 날아갔고, 심장을 찌르는 엄청난 사실은 진실로 나타났다. 그 진실은 대가가 없는 사랑의 은혜였다. 인생에 있어서 기적은 무한한 가치를 발휘하고, 영적인 축복을 누리는 계기가 될 수 있다.

나는 하나님의 말씀으로 전신 갑주를 입고(에베소서 6장 13절) 끊임없이 대적해 오는 어둠의 주관자인 마귀를 물리치기 위하여, 기도 쉬는 죄를 범하지 않고, 내 영혼의 호흡인 기도의 끈을 놓지 않을 것임을 다짐한다(사무엘상 12장 23절).

회-심

성 어거스틴은 중세 기독교 역사에서 성인으로 불리는 대표적인 인물이다. 그는 이교도인 문화에 젖어 순전한 삶을 포기하고, 사생아를 낳기까지의 방탕한 삶을 살았다. 그 시대 최고의 성직자 '암브로시우스'의 설교를 통하여 극적인 회심을 하게 된다. 그 회심 이후 중세 최고 신학자로 거듭나게 되었다.

회심(回心)은 과거의 생활을 뉘우쳐 고치고 신앙에 눈을 뜸이라고 사전에 쓰여 있다. 회심은 나의 의지와 상관없이 하나님의 전적인 은혜를 통하여 죄를 자복하고, 오직 하나님께로만 나아가는 구원의 역사를 체험으로 결단하는 것을 말한다. 하나님의 주권적 역사는 진리의 영이신(요한복음 14장 17절) 성령님의 인도하심이라 할 수 있다. '거듭남'(요한복음 3장 3절)은 기독교 신학에서 영적으로 다시 태어나는 것을 의미한다. 즉, 죄로 인하여 영원히 죽을 수밖에 없는 죄인이 예수님이 흘리신 보혈의 공로로 영생을 얻게 되는(요한복음 3장 16절) 도(道)를 말한다.

회심을 거친 거듭남은 종교적인 관점에서 통과의례라고 할 수는 없다. 하나님을 믿는 신앙인이 이런 체험을 다 경험하지 않았기 때문이다, 그러나 체험하지 않은 신앙인이 하나님을 믿는 믿음의 분량이 적다고 볼 수는 없다. 하나님을 만나는 접근은 다양하다. 성경 말씀을 통하여 깨닫게 되며, 그 진리의 확실성은 시대를 초월하여 현재와 미래의 영원성에 소망을 바라보게 한다.

회심 뒤의 거듭남은 하나님의 임재를 순간적으로 체험하는 계기를 맞는다. 죄인들을 위하여 목숨을 바친 그 십자가 구원을 받은 우리에게는, 곧 하나님의 능력이다. 아무런 대가 없이 '허물과 죄로 죽었던 너희를 살리셨도다(에베소서 2장 1절).' 이 말씀에 힘입어 머리서부터 흐르는 전율에 쓴 죄악이 주마등처럼 스치는 눈물의 회개로 정결해지는 그 자체라 할 수 있다.

 평소에 나는 성경은 들고 다니는 책에 불과하였지만, 시대별 영의 사람들이 성령의 임재로 활자가 살아 움직인다는- 책 아닌 성경으로 발견된 시기는, 믿음이 한층 심취된 나중이었다.

 하나님의 말씀은 친밀하고 영원성을 담고 있다. 예수님이 이 땅에 오셔서 죄인을 심판하시는 게 아니라, 구원하러 오셨다(요한복음 12장 47절). 선포는 구원의 절정이 아닐 수 없다.

 세파에 시달리면서 살아온 우리의 삶이 불평과 불만으로 오염된 죄악들로 인해 인간의 허망한 삶이 깨달아진다. 성령의 인도하심으로 속죄의 반열에 들어가게 된다. 사람의 힘과 감정과 이성으로 경험할 수 없는-새로워지는 영적 변화는 지속 가능한 일이며, 세상에 속하여 있지만 하나님의 은혜를 찬양하며 하늘나라에 소망을 두게 한다.

 하나님을 믿지 않는 영혼을 위해 불쌍히 여기는 심성으로 기도를 하면 이 세상의 헛된 것, 즉 욕심을 내려놓을 수 있는 여유를 가진다. 한 영혼, 한 영혼에 쓰다듬는 긍휼 심을 품고 천국 백성이 되도록 예수님의 끝까지 사랑(요한복음 13장 1절)이 실린 복음을 전하는 것이다. 한 영혼이 하나님의 백성으로서 아름다운 열매를 맺는다면, 복음을 전하는 자도 사명감에 더욱 불타는-예수님의 인격과 마음을 닮아가려고 노력하는 변화의 시발점이라 할 수 있다.

 회심과 거듭남은 성령의 체험에서 비롯된다. 성령 체험은, 어느 특정한 곳에서 행하여지는 것은 아니다. 교회에서 목사님의 말씀을 듣는 중에-시련과 위기 가운데-병들어 육신이 연약해졌을 때, 하나님의 은혜를 구하는-그 전심(全心)을 한데로 모았을 때, 성령이 임재하는 역사를 체험하는 계기를 맞게 한다.

 우리가 목말라 지친 사막 복판에서 외롭게 방황하며, 의지할 데 없는 미련한 자라고 생각할지라도 결코 나 혼자가 아님을 명심해야 한다. 믿음의 가슴으로 하나님을 바라보라(히브리서 12장 2절). 죄도 흠도 없으신 독생자를 이 세상에 보내신 하나님 아버지의 은혜는 작은 가슴에 충만으로 넘치게 한다.

 하나님께서는 우리 모두를 사랑하신다. 그러나 나의 삶이 힘들고 지쳐있을 때마다, 하나님을 외면하는 부랑자의 모습으로 이 세상을 원망하고 불평하며 살았다. 스스로 자고 해지는 교만과 거만함이 마음 깊숙한 곳에 잠복 되어 있었다.

 내가 하나님을 처음 만났을 때의 고백은, 순결한 믿음으로 하나님께 온전하게 헌신하겠다는 다짐이었다. 그렇지만 나는 이 반대로 십자가의 오상(五傷)으로 죄 사함을 입고도, 예수님께서 흘리신 보혈의 능력이 구원의 확신과 영생이 나와 무관한 채 십자가에 달리신 예수님을 외면하기도 했다.

 하나님께서 우리에게 베푸신 사랑은, 아무 이유도 없으신 무조건 희생하신 숭고한 사랑이다. 그런데도 나는 하나님 속으로 내가 들어가는 것보다, 멀리 도망치거나 외면하고 하나님의 눈에서 벗어나고 싶은 불순종으로 겉돌기만 했었다. 하나님은 나를 얼마나 사랑하시기에 믿음의 봉사자로 사역자로 순종하기를-나를 하나님 곁에 묶어 놓고 계신 듯하였다. 나는 믿음의 봉사자로 사역자로 감당할 수 있는 자신감과 확신도 없었지만, 사람에 대한 두려움과 능력의 부족이 염려로 다가왔다. 나는 하나님의 지고하신 사랑을 깨닫는 것보다, 자신에 대한 한계라는 고정관념에 갇혀 있었고-글을 쓰라는 하나님의 말씀도 무시한 채 세월을 허비했었다. 나름의 이유랄까 변명이랄까, 내가 쓰는 글 속에 나란 인간의 속 살이 다 드러내는 처사라 마음의 부담이 자리하고 있었다. 그 부담은 진정 나의 의를 내려놓지 못한 자괴감이라 할 수 있다. 그동안 하나님께서 얼마나 마음이 아프셨을까.

 나의 삶이 어려움을 겪고 있을 때, 또는 육신의 연약함을 나 혼자의 힘으로 감당하지 못할 그 순간에도 하나님은 고아(요한복음 14장 18절)처럼 버려두지 않는다는 놀라운 기적을 체험하게 한다.

 우리도 태양 빛으로 어둠을 밝히는 달처럼, 상대적인 빛을 발한다면 그 가치 아름답게 빛날 것이다. 예수님과의 첫사랑을 회복하고(계시록 2장 1~7절) 영혼 구원을 위한 사명을 감당하는 능력을 발휘할 수 있어야겠다. 목마른 사슴이 시냇물을 찾듯(시편 42장 1절) 그 갈급함에 목이 멘다.

아름답게 채색된 영혼

그녀의 눈은 두려움에 사로잡혀 있다.

　　　　　그녀는 인생의 욕구를 체념한 듯, 마음을 다지고 눈물을 훔치곤 한다. 예견치 못한 현실을 안간힘으로 받아들이는 기색이다. 요양병원에서 그녀를 처음 만난 자리에서 마음속에 있는 울분을 다 토하라고 했다. 마음이 진정되기까지 옆자리에서 가만히 지켜줄 수밖에 없었다.
 이 주가 지난 뒤, 그녀의 손을 맞잡고 간절한 기도를 올렸다. 미온적인 온기가 전류로 느껴졌다. 옆에 사람이 있다는 것에 안도하는 듯, 눈을 맞추는 손아귀에 힘이 들어있다. 입가에 뜬 옅은 미소는 나를 반기는 듯했다. "아멘" 소리도 나지막하게 들렸다. 그리곤 진통제의 효과로 심신이 편안해지자, 이내 잠이 들었다.
 요양병원에 입원하고 있는 그녀는, 시간이 흐른 후에는 몸에 욕창으로 인해 몇 군데 살이 패였다. 하루가 다르게 얼굴 핏기도 사라져, 나약하게 뒹굴고 있는 가을 낙엽을 연상케 했다.
 제힘으로 더는 움직임이 쉽지 않게 된 침대 위 환자의 욕창은, 하루가 다르게 넓어져 가고 있다. 살이 패인 몇 군데 뼛골이 완연히 드러나 있다.
 담당 간호사는 환자에 대한 박애 정신을 상실한 채 겉으로만 확인하고 넘어가는 눈치를 굴렸다. 옆에서 도움을 주고 치료해도 한계가 있었다. 온전한 정신이었다면, 그 상처가 얼마나 아픈지 견디기 힘든 상황이었지만, 생의 마지막 남은 시간은 얼마 남지 않은 듯하다.

삶에 대한 의욕을 내려놓은 그녀의 심리 상태는 달리 표출할 수 없었다. 간간이 새어 내는 신음은, 단지 아프다는 표현보다 마지막 삶의 종착역까지 가기 위한 필사적인 저항의 산고를 치르는 것 같다. 그녀는 위암 말기 환자다. 자식이 없는 여든이 넘어 보이는 노인이다.

나는 요양병원에서 죽음직전의 환자를 죽음을 편안하게 받아들일 수 있도록 도와주는 일을 한다. 죽음은 인간이면 한 번은 겪어야 하는 하늘의 이치며 순리다. 누구나 결코 거부할 수 없는 신의 섭리다. 생명은 그 자체가 값있고, 존엄한 존재기에 죽음을 맞는 것은 큰 축복이다.

정신과 의사인 퀴블러로스의 죽음에 대한 5단계에 의하면,

부정의 단계 : 예견치 못한 충격적인 현실에 대한 혼란과 아픔을 이겨내고자 한다.
분노의 단계 : 분노의 표를 죽음의 원인이 아닌 타인이나 제3의 원인에게 돌린다.
협상의 단계 : 본인은 죽음을 인지하지만, 인정하지 않고 신과 타협하고자 한다.
우울의 단계 : 현실을 직시하고, 잃는 것과 헤어지는 것을 안타까워하며 의기소침해진다.
수용의 단계 : 죽음을 완전히 받아들이면서 남겨진 자까지 생각할 만큼, 안정과 앞날의 소망까지 갖는다.

이럴 듯 죽음에 직면하기까지는 분노하고, 죽음을 인정하지

않으며 절망감과 상실감에 지배받을 수밖에 없다. 그녀 역시 제 풀인 분노의 좌절에 지쳐서 몸은 극도로 쇠약해졌다. 하루하루 죽음의 문턱이 가깝게 느껴졌을 텐데, 오히려 현실을 수용하는 눈치다.

나는 일주일이 지난 후 병원에 일찍 도착했다. 그녀는 아예 눈도 뜰 수 없는 상황에 이르렀다. 곧, 마지막 숨결을 내몰아 쉴 것 같다. 조카 두 사람이 고모의 임종을 지키고 있다. 나도 그녀의 임종을 지켜보면서 하나님께서 이 영혼을 선하게 인도해 주시리라 믿고, 두 손을 꼭 잡고 계속 기도했다. 모닥불의 불씨가 서서히 꺼져가는 듯, 그녀의 손끝 온기가 차츰 식어 내렸다. 숨이 멎기 전까지 청각은 오랫동안 지속을 한다. 죽음직전의 상황에서도 귀는 끝까지 열려 있다.

"이 세상에서 사랑하고 집착했던 것들을 다 내려놓고, 편안한 마음을 가지고 천국으로 가세요."

얼굴은 큰 고통을 느끼지 않을 정도로 편안했다. 천사들이 그녀의 영혼을 지켜주는 것만 같다. 지난 온 삶이 굴곡으로 얼룩졌지만, 육신의 시간은 이젠 끝나가고 있다, 이 순간이 지나면 평안의 안식을 맞이할 것이다. 병고에 시달려 온 고통은 곧 종말을 맞이할 것이다. 가쁜 호흡 서너 번 몰아쉰다.

"휴~우"

길게 내쉬는 이 호흡은 생의 마지막 소리다. 그 소리는 이 세상에 고하는 마지막 탄식의 의미가 내포되어 있다. 그녀의 침묵 고백도, 나는 세상을 열심히 살았다는 말일 것이다.

성경에 이런 구절이 있다. '그가 모태에서 벌거벗고 나온 즉, 그가 나온 대로 돌아가고 수고하여 얻은 것을 아무것도 자기 손에 가지고 가지 못하리(전도서 5장 15절).'

환자는 병마와 싸워서 이길 수 있을 때, 생명이 연장되기도 하고, 새로운 삶에 대해 기대하고, 생명의 소중함에 대한 가치관이 절실하게 확고해진다. 강한 정신력의 의지가 생명에 활력을 불어넣기도 한다. 우리의 생명은 죽음 앞에 굴복하고 만다. 환자가 코에 연결된 호수로 영양분을 섭취하고 있지만, 침대 위에선 숨결을 차츰 가라앉히고 있다. 육신의 고통은 말로 대신할 수 없는 노릇이다. 육체의 기능이 서서히 소멸에 이르자-손목 맥박도 함께 멈췄다.

우리는 조문객이 되어 장례식에 참석할 때가 있다. 먼저 세상을 떠난 자의 영혼을 기리며, 가족들을 위로하고 격려하게 된다. 고인의 명복을 빌면서, 자신은 아직 이 세상에 존재한다는 안도감이 밀려올 때도 있다. 남은 생을 진정 더 가치있게, 보람되게 살아야겠다는 각오도 하게 된다.

그녀는 비록 인간적으로 쓸쓸한 임종을 맞이했을지 모르겠지만, 얼굴에는 빛이 감돌았다. 거친 세파에서 겪었던 고난의 수고와 힘들었던 짐들을 다 내려놓고, 소망했던 곳으로 떠나는 기쁨이랄까? 형용할 수 없는 편안함이 깃들어 있었다.

시공간을 초월한 권능의 사랑으로 그녀의 영혼도 아름답게 채색된 듯하다.

마지막 소원

그녀의 머리카락 숱은 풍성하다.

　　　　　　백발의 머리카락은 방금 회오리바람이라도 지나간 듯, 무질서하게 엉켜있다. 동그란 두 눈은 놀란 토끼처럼 불안정하다. 몸은 혼자 힘으로 나들이 다닐 만큼의 거동은 한다. 그녀는 요양병원에 입원하고 있는 폐암 말기 환자다.

　한쪽 폐를 적출하고 다른 장기로 전이가 진행 중이다. 칠순이 지난 그녀는, 인생의 종착역에 가까워졌다는 것을 스스로 감지하고 있었다. 그러나 병의 전류인 고통의 염려는 체념한 듯, 비교적 차분하다. 위기에 처해 있어도 죽음에 대한 두려움을 수용하는 아름다운 미덕을 지니고 있었다. 호스피스(임종봉사자) 눈으로 바라보니, 그녀는 현실에 잘 적응하고 있다.

　그녀에게는 소원이 하나 있었다. 부탁하는 소원은 흰 머리카락을 검은색으로 염색해 주기를 바란다는 간절함이다. 며칠을 고민하다가 말을 건넨듯하다. 그 말이 떨어지기도 전에 검은색으로 염색해 주었다. 갸름한 얼굴에 혈색이 흐르는 생기가 돌아 10년은 더 젊게 보였다. 이틀 후에 집으로 외출한단다. 가슴 설레는 나들이를 기대하고, 신기한 듯 여러 번 들여다보는 거울을 손에서 좀처럼 놓을 줄을 모른다. 여자의 감정과 정서가 교차 되는 순간이기도 하다.

　할머니의 파 뿌리 머리카락을 보고 도망간 손자를 위해서 큰 결단을 내린 멋 부림이었다. 두 달 전에 외출해서 10살 된 손자에게 경악할 정도의 말을 듣고 마음의 상처를 받았단다. 이제는 머리염색을 했으니, 할머니 귀신이라고 더는 놀림을 하지 않겠지?

 손자의 마음에 할머니는 언제나 인자하고, 사랑이 넘치며, 외모도 품위 있게 유지해야만 하는 그런 모습으로 기억되는 것일까…. 할머니는 증세가 호전되기 어려워 갈 길이 오직 한 길밖에 없는데….

 일주일 후, 요양병원을 방문했다. 염색하고 집에 다녀온 그녀의 모습이 몹시 궁금했다. 그녀의 두 눈동자에는 생기가 들어앉아 있었다. 그립게 보고 싶었던 손자를 품앗이로 깊이 안고, 핏줄의 연으로 맺어진 사랑을 다시 확인하고 돌아왔다는 생생한 증언이었다. 손자는 할머니 품에 안겨 머리카락이 신기한 듯 만자 작 거리 곤했다. 하루 남짓 집에서 가족의 온기를 만끽했으나, 가슴에 남은 먹먹함은 무엇을 의미하는 것일까. 언제 또다시 집에서 사랑하는 자녀와 손자의 내밀한 정을 나눌 수 있을 런지-기약이 까마득히 멀지 않을까.

 그녀의 넋두리가 시작되었다. 남편과 일찍 사별하고, 아들 둘을 공부시키기 위해 행상을 해서 겨우 시장 안에 만두 가계를 차렸다. 빈자리가 없을 정도로 가계는 문전성시를 이루었다. 돈맛이 무릇 익어 가는 중에, 병이 발병해서 오늘에 이르렀다. 폐암이라는 의사의 말은 사형선고나 다름없었다. 고생한 보람의 결과가 병이라니-도무지 믿기지 않는 머나먼 초점으로 하늘을 올려다보니, 남편의 얼굴이 구름에 실려 있다. 남편의 해맑은 미소가 아내를 기다리고 있다는 무언의 표징으로 받아들였다. 보고 싶은 얼굴을 볼 수 있다고 생각하니, 죽음의 공포에서 조금은 해방된 듯하다.

 고생한 만큼 물질의 유복도 누릴 수 있었다. 가계는 큰아들이 맡아서 어머니의 가르침대로 잘 운영하고 있다. 남편과의 사별과 생활고를 겪으면서 인간관계에 환멸을 느꼈을 때는, 죽고 싶은 심정이었다. 많지도 않은 돈을 남편의 친구가 이자를 주겠다고 가져가서, 몇십 년째 오리무중이다.

그녀는 세상에 대한 불신의 몸서리를 겪으면서, 좌절과 고통이 수반되는 어려움에서 헤어날 수 없었다. 친정어머니가 가르쳐주신 만두를 손수 빚어 팔기로 했다. 좋은 재료를 구하여 만두소 만들어 손님과의 절대적인 신뢰 관계를 형성할 수 있었다.

가난은 절망을 낳고, 헤아릴 수 없는 슬픔에 잠길 때는 남편을 원망하곤 했다. 막막한 세상, 기댈 수 있는 존재는 아무도 없었다. 오직 자식을 가르치고 키워야겠다는 모성애가 그녀를 강하게 만들었다.

그녀의 삶을 돌아보면 기적의 행운은 가까이 있었다는 확신은 빗나가지 않았다. 성실한 부지런함으로 정직하게 장사를 해야겠다는 신념과, 불같은 열정이 가정을 일으켜 세웠다.

그녀는 집에 다녀온 후로, 환자의 예민해진 신경 탓일까? 가족이 멀게만 느껴지는 감을 떨치지를 못하였다. 마지막으로 다녀온 내 집에 대한 추억이 손때 묻은 살림이 아니라, 그보다 더 애절한 가족애가 있었기에 행복했었다. 손자와의 포옹은 영원히 잊지 못할, 뼛속 깊은 피붙이의 소중한 존재였다.

그녀는 집에 다녀와서 긴장도 풀려는데, 한 달이 지나니 거동할 수 있는 여력이 사라졌다. 침대에서도 혼자의 힘으로 일어날 수 없어서, 정신 줄도 간간이 놓치곤 한다. 그나마

다행은 자식들의 생활이 앞가림할 정도가 됐다는 안도감이다. 주어진 인생의 한계를 애타게 아쉬워하지도 않고, 몸에서 느끼는 고통을 감수(甘受)하고 있다. 삶에 대한 애착의 감정이 자포자기로 돌아가는 듯했다.
 삶과 죽음의 경계선에서 사투를 벌이고 있는 큰 눈망울은, 기운이 처져 보여 애처 하기 그지없다. 두 손을 맞잡고 그녀의 영혼을 위해 전심(全心)으로 기도했다. 눈물이 뺨 위로 하염없이 흐르고 또 흐른다. 주체하지 못할 정도로 흘리는 눈물은, 아마 이 세상에 대한 마지막 고해(告解)의 순간인지도 모르겠다.
 그녀의 일생이 세상 풍파에 시달린 짐들에 매여서, 한 번도 크게 쉬어 보지 못했던 숨을-하늘을 향해 자유를 만끽하듯 높이 날렸다. 평안의 노래가 하늘에서 아름다운 가락으로 들려오듯이….

함께 가자!

　　　　　너는 나라의 미래다. 드높은 하늘의 기상이며 꿈과 신념이다. 비전을 가슴에 품고 세상을 향해 고개를 들어보렴. 어깨를 넓게 펴고 앞을 향해 당당하게 걸어가 보지 않을래. 청청한 대로의 물결이 견고한 틀을 이루고 있단다.
　나약이 너를 쓰러지게 할지라도, 너의 내면은 강하고 단단한 의지가 너를 지키고 있다. 너 자신이 강하다는 것을 스스로 인정해야 해. 너의 삶이 불행하고 우울하다고 한탄하지 말자. 기성세대와 대화가 통하지 않는다고 홀로 비애에 젖어들지 않았으면 좋겠어. 어둡고 두려운 마음이 너를 지배하고 있다는 것을 기억하자.
　너는 존귀한 존재임에도 육체의 고통에서 희열을 느낀다. 자신을 학대하고 싶은 충동이 몸에 흉터를 남긴다. 그런 행동이 더 큰 상처와 괴로움으로 채워져 있다. 괴로움에 몰입한다. 익숙하게 잦은 습관이 되었다. 가슴에 피지 못한 망울이 슬프다.
　너의 마음을 이해하지 못해 미안하구나. 고통의 아픔을 함께 나누지 못해 할 말이 없구나. 세상이 너를 기대하는 마음이 더 커서 양어깨가 무겁게 짓눌러 있었구나. 너를 사랑한다고, 최선을 다한다고, 자부하고 우쭐한 것이 부모의 착각이다.
　이 혼란의 시기를 잘 견디면, 소망했던 꿈들이 너를 일으켜 세우리라. 암울했던 시간을 통해서 너는 삶이란 의미를 진지하게 받아들일 것이다. 사람은 존귀하고 가치 있는 존재다. 자유를 갈망하는 영혼이 있고, 이상을 만들면 꿈이 실현된다.

 사람은 감정을 잘 다스릴 수 있는 지혜로운 존재다. 우리 자갈밭도 같이 걷고, 힘이 들면 구름 언덕에서 쉬어가는 여유도 가지자꾸나. 너의 인생을 슬기롭게 용기를 가지고 담대하자. 세상의 찌든 때를 투명하게 하려고 혼자 애를 태우지 말자. 너의 자리는 아무도 침범하지 못한다. 그 누구도 너를 탓할 자격은 없다.

 자해를 멈추자. 너의 삶에 두려워하고 아파하는 것에 대해서 애틋한 사랑의 눈짓으로 천천히 다가가 보자. 소소한 일상에서 주변을 둘러보면 행복은 너의 마음에서 우러나온다. 들녘에 핀 한 포기 풀도 살아있다는 의미를 지니고 있지 않니. 사랑하는 너의 일탈이 연민의 정으로 다가와 너의 서러운 가슴에 얼굴을 묻는다.

 너를 나의 마음 다해 사랑한다. 네가 토해내지 못한 가슴앓이 크게 숨을 쉬어 세상에 고함을 질러봐. 너를 이해하지 못하고 관심을 기울이지 못한 나의 어리석음이 미안하구나.

 부모의 품은 바다와 같다. 열려 있는 간절한 마음으로 너를 품에 안는다.

청소년 상담을 통해서

제5부
생활수필

신혼여행에서 돌아와 보니, 시댁에 낡은 손재봉틀이 있다.

쓰임-새

"세상에 살 때 쓰임새를 사랑했던 사람들은, 금은은 단지 수단과 도구로만 사랑했기에 천국에서 광채를 내는 것은 쓰임새다." 스웨덴의 영성 신학자 스베덴보리는 말했다.

사람에게 물질은 안정된 풍요로운 삶의 환경을 제공해 준다는 건 보편적인 상식이지만, 쓰임새는 마음과 사랑의 발길이 머무는 곳마다 빛을 낸다. 돈은 쓰임새에 따라 인격적인 사람이 되기도 하고, 적절하지 못한 쓰임새로 인하여, 자신의 품격에 손상을 입히기도 한다.

 쓰임새가 이런 깊은 의의(依依)를 내포하고 있는 그 저변에는, 이타적인 사람이 품고 있는 최상의 배려가 심성에 결집되어 있다는 점이다. 그 소요의 가치로 세상에 영양가 높은 자양분을 끼친다는 점 두말할 나위 없는 진실이다. 자연의 이치처럼 심은 대로 거두듯, 물질도 쓰임새에 따라 그 열매로 맺어지기 때문이다

 기업을 경영하면서 재물 방석에 앉게 된 사람들이 모자라지 않는 풍성함을 영위할지라도, 격에 맞지 않는 쓰임새는 눈의 저울로 가늠해 볼 때, 자기만족에 몰입해 있다는 이미지가 짙다는 평이다.

 기업가나 자산가는 보통 사람으로서는 생각할 수 없는 이상에 정열을 쏟고, 호기심과 냉철한 안목으로 경제 세계를 관찰한다. 통 큰 사회사업의 기여도는 가히 상상을 초월하며, 선한 쓰임새로 인하여 사회를 지탱하는 초석이 되어 불

을 밝히는 등대와도 같은 존재가 된다.

 사람에게 돈이란 있으면 있을수록 더 가지고 싶은 욕망을 제어하지 못하는 듯하다. 인간의 본질적인 욕구의 성향은, 소유욕을 쉽사리 떨쳐 버릴 수 없다는 아쉬움이다.

 세상의 빈부 격차는 누구나 인정하듯, 그 괴리는 매우 넓고 깊다. 그러나 물질의 풍요 속에서 돈의 쓰임새 균형이 적절하다면, 삶의 질의 의미는 남다를 것이다.

 보통 사람이 대상을 정하고 기부하는 것은 결코 거창한 과시가 아니다. 형편의 사정을 아는 이웃에 대한 쌈짓돈 성금이다. 한 닢 동전을 꼭 움켜쥐어 뜨거울 수밖에 없는 그들은, 돈의 가치와 쓰임새의 용도를 아는 사람들이다. 환산이 안 되는 검소한 지출이라, 사람들의 이목을 끌지 못하는 나눔의 선행인들 이다. 그러므로 은혜를 입은 그 형제자매가 감사로 화답하는 향기로써 마음이 행복해지는 온기를 품는다. 지순(智純)의 무게에 따라 기쁨이 절절 넘치는 역동의 생기를 불러들이기도 한다. 그들은 두 렙 돈을 연보 함에 넣은 과부처럼, 예수님의 칭찬(마태복음 12장 41~44절)을 들을 수 있는 자격을 충분히 갖춘 인물들이다.

 사람이 풍족한 생활을 누리는 바탕에서 도움이 필요한 손길에 기운을 얹을 수 있을까? 막연함은 행동으로 옮기기에는 쉽지 않은 듯하다. 이웃에 온정을 베푼다는 자세는 나를 위해 돈을 쓰는 것이 아니라, 이웃을 위해 먼저 그 쓰임새가 적절하게 배분된다는 사실이다. 다면적인 기부의 형태는, 이웃과 더 나아가서 국경을 초월하는 인류애를 위하여 쓰임새가 이루어진다.

 인간의 고결한 품행의 원동력은 사랑의 힘에서 우러난다.

예수님의 큰 계명 둘째는 '네 이웃을 사랑하라 이고(마태복음 22장 39절),' 사도바울은 '믿음, 소망, 사랑 중에 제 일은 사랑'이라 밝혔다(고린도전서 13장 13절). 이처럼 사랑의 힘은 헌신적이고, 이기적인 자만에 빠지지 않는 장치, 곧 타인을 위한 배려와 섬김이라고 할 수 있겠다.

 사람마다 자신을 위하여 지출하는 방식이 저마다 다양하다. 의상에 관심이 높은 사람은-각별한 애착을 가진 사람은-품위유지를 위한 지출로 지갑을 연다. 고가의 옷에서 풍기는 화려한 멋의 차림새는 능력의 대변 격인 가치의 본질이 눈으로 확인되는 신분의 지위가 외모로 입증되기 마련이다.

 미식가들은 음식에 대한 일가견이 있어서 공개된 일반적인 맛집보다, 특별메뉴로 소수의 손님만을 받는 분위기에 맞게, 양보다 질을 선호하는 경향이 높다. 나름의 건강 철학에 대한 방식에 신경을 쓴다.

 명품은 상류층만이 즐긴다는 잠재의식이 깔려있다. 한정적인 사치라고도 할 수 있겠지만, 특별한 소수를 위하여 판매하는 상술은, 이젠 옛날이야기로 완전히 밀려났다. 시대가 편리해진 덕분에 누구나 안방에서도 스마트폰으로 고가의 명품을 얼마든지 구매할 수 있게 되었으니 말이다. 두부 한 모를 사려면 불가피하게 어두운 골목을 거쳐야만 했던 세월 저편 시절에 비하면, 시간 절약의 행복지수가 한층 밝아졌다.

 돈의 쓰임새는 용처 별로 크게, 또는 적게 집행된다. 지출할 수 있는 대상 선정은, 본인의 잣대의 안목으로 정해져 있는 나름의 수칙이라 할 수 있겠다.

 지하도나 지하철역 주변은, 구차한 여러 형편으로 한데로 나올 수밖에 없게 된 노숙인들의 일상생활 공간이다. 그들은 침묵의 행동으로 차가운 맨바닥에 허접하기 짝이 없는 잠자리를 각자 만들어 눕고-앉곤 한다. 추운 겨울에는 더더욱 안타까운 궁휼함에 젖어 들게 하는 광경이다.

천원도 카드로 결제하는 시대이다. 지나가는 사람들이 편의점매장에서 산 빵과 우유를 거리 사람에게 내민다. 그 장면이 애틋한 감동으로 피부에 와 닿는다. 그 한편으로 천원·만원의 지폐가 담긴 모자가 눈에 띈다. 사람들의 후한 인심이 제삼자로서 그저 고마울 따름이다.

우리의 삶에 소소한 일상에서 지인이나 친구에게 식사와 차 대접을 하는 여유에는 따뜻한 정감이 실려 있다. 상대적인 신뢰로 이루어지는 친밀함은, 마음 깊은 데서 우러나는 성정의 행동이다. 열린 가슴으로 상대에게 더 나누고 싶은 진심은, 인간의 유대감을 지속으로 형성하는 시발점이라 할 수 있다.

우리는 비단 돈으로써만 환산하는 쓰임새가 아닐지라도, 하나님께서 각 사람에게 베풀어 주신 은사와 재능으로 사람들에 긍정 찬 희망을 실어주는 지혜로운 사람은, 환경과 조건을 뛰어넘어 많은 사람에게 올바른 삶의 방향을 제시한다. 또한, 상대를 위해 비전을 향해 도약하는 성취적 욕구를 이루게 하려는 성심의 도움도 지순하게 깊다.

누구든지 땀의 수고와 노동으로 연동된 섬김에는 한계가 없는 것 같다. 신념으로 뭉친 각오의 꾸준함으로 나아가는 마음의 쓰임새는, 낮고 소외된 곳을 위한 의지와 사명감이 한결같음을 볼 수 있다.

돈이란 누구에게나 소중한 생명줄이다, 쓰임새의 영향에 따라, 시든 영혼을 일으켜 세우면서 새로운 꿈을 좇게 하는 선의의 지력은, 이토록 생명 대 생명력을 잇게 한다는 사실이다. 오른손이 하는 것을 왼손이 모르도록 숨기는 구제의 선행은, 십자가에 달리시는 선고까지 복종하신 후, 하나님의 영광을 온 인류에 드러내신 예수님의 사랑을 실천하는 것이며, 한 알의 밀알로 썩는 그 희생정신을 최상의 보람에 두고 있다.

세상에는 부유한 자보다, 궁핍한 자가 훨씬 더 많다. 섬김에는 사람의 연고에 치우치지 않으면서, 불가결한 조건을 내세우지도 않는다. 부한 자는 약자의 형편과 처지를 두루 살펴서 함께 어울려 살아가는 나눔이 곧, 삶의 행복이요 기쁨이라 하겠다.

'쓰임새'로 시대를 초월하여 인류애에 공헌하는, 그 선한 영향력을 끼치고 있다는 점 부인할 수 없다. 또한, 이름도 없이 빛도 없이 최 일선에서 선행을 실행하는 그들은 그에 따른 대가나 보답을 바라지 않으면서, 주어진 삶에 충실한 만큼 복음의 이 길이 주님의 뜻이기를 바라는 사랑의 힘을 쓰는 사람들이다.

선한 쓰임새로 한 가운데의 삶의 헌신으로 모두와 기쁨을 함께하는 사람들에, 하나님은 준비해 둔 축복의 상으로 하늘나라의 문을 열어 놓고 계시리라 확신한다.

진정한 멋이란

"네 별명이 멋쟁이지?"

그 순간, 나는 쥐구멍으로 들어가고 싶은 심정이었다. 중학교 담임선생님이 수업을 시작할 무렵이며, 아이들 앞에서 나의 별명을 불렀다. 듣기 거북하고도 민망할 정도의 별명이다. 사춘기 시절 예민한 감성 탓에, 등교도 거부하고 싶었다. 하루에도 몇 번씩 별명을 부르는 친구들이 야속하고, 놀림의 대상이라는 낙인이 찍혀서 괴로움이 부담으로 다가왔다. 중학교 교복은 감색 코르덴이었다. 굵은 맞주름 치마에 윗도리는 벨트가 있어 허리를 조이고, 칼라 앞부분에 자주색 리본을 달았다. 단정하며 예쁜 디자인이다. 하얀 양말에 가죽구두를 신은 것이 흔한 모양새는 아니다. 교복 치마도 이틀에 한 번은 다려서 입었기에, 아이들 눈에도 유난스럽게 보였을지 모를 일이다. 속상할 정도로 과한 별명도 아닌 것 같은데, 어린 마음에 별명이 붙은 자체가 부끄러워 양어깨를 짓눌렀다. 선생님들까지 별명에 관심의 대상이 되어서, 입으로 전하는 말의 속도가 빛의 속도 같은 착각이 들 정도다.

자취하고 있는 친구가 있었다. 점심시간에 집으로 가서 밥을 먹고 오자고 했다. 엄마가 맛있는 반찬을 보냈단다. 우리는 용기를 내어서 점심시간에 정말 쥐도 새도 모르게 다녀왔는데, 무슨 벼락일까? 등교 후에는 선생님께 외출 허락을 받아야 하는데, 신고하지 않은 죄를 지은 것이다. 무슨 일인지 멋쟁이를 찾고 있었다. 두 사람이 시야에서 벗어났으니, 훈육 선생님이 벼르고 있을 때, 후문에서 우리와 딱 마주친 것이 아닌가.

"멋쟁이, 너 어디 갔다 왔어?"

 놀란 가슴에 심장이 멈추어 버릴 것 같았다. 호랑이 선생이라는 별명이 무색할 정도로 일생에 맞을 매를 한 번에 다 맞은 셈이다. 가혹하리만큼 무서운 매로 종아리와 온몸을 마구 때렸다. 돌이키고 싶지 않은 상처는, 학창 시절 꿈도 산산조각 회초리에 날아가 버린 듯했다. 어린 여학생들이 받은 체벌은 말로 표현할 수 없을 정도로 끔찍한 고통을 겪었지만, 부모님께 말씀도 드리지 못했다. 나의 잘못을 인정하고 후회의 눈물이 쓰리고 아렸다

 소풍을 다녀와서 글짓기가 있었다. 공감을 불러일으킬 솔직함이 있었는지, 선생님이 글을 잘 썼다고 칭찬해 주셨다. 빨간색 볼펜으로 '수'라고 썼다. 학창 시절, 사색의 혼을 적막에 가두어 버린 채 감성은 세월 속에 녹 쓸어버렸다.

 학교 뒤 나지막한 동산은 나무들이 숲을 이루고 있었다. 봄이 오면 꽃향기에 꿈이 익어 간다. 개나리꽃이 만발하여 무리 지어 도도한 몸짓을 했다. 노란 꽃들의 잔치다. 봄을 맞이하는 대지에 희망을 불어넣어 미래의 고귀한 삶을 위해 행진곡이 울려 퍼진다. 나무숲의 애정 어린 기운은 든든한 버팀목으로 일깨워 주었다. 교정 앞에서 보이는 것은 넓은 세상의 마음을 향유 하듯, 무한대해의 큰 포부를 간직할 수 있는 오륙 도를 가슴에 품는다. '재잘재잘, 까르르…' 삼삼오오 모여서 꿈을 키우는 동산에 사춘기는 아름답게 여물어 갔다.

나는 버스에 몸을 맡기고 하염없이 달려갔다. 그 공간은 세상의 삶은 존재하지 않는다. 어느 시인의

망각이란 잊어버리는 것/잊을 수 없어 망각을 맹세하는/마음의 슬픔이여

  중학교 삼 학년이 되어서 인간의 존재에 대한 회의가 솟구쳤다. 세상에 존재하는 모든 고독이 내 가슴 언저리를 저리게 했었다. 어느 날, 더 깊은 고독을 음미하기 위해서 감성적 16세 소녀의 마음 한구석, 삶의 진실을 갈구하며 찾아온 곳이다. 생명의 속삭임은 전혀 들리지 않는다. 나무와 꽃들 사이 봉우리만이 우뚝우뚝 즐비하게 하늘 향해 솟아있다.
  세상과 타협하지 않으며, 거짓과 불신의 굴레를 벗어나, 돌아올 수 없는 영원한 피안의 세계로 떠난 자들. 그들의 생애 동안 삶의 목적과 의미는 침묵만이 대변해 주고 있었다. 적막한 고요 속에 나에게 인생에 대한 깊이와 목표에 얼마만한 가치를 부여했는지, 저울질의 무게를 내일로 기약하며 돌아서는 발걸음은 세상을 향해 달렸다.
  여성에게 멋을 내고 싶은 나이-가름은 할 수가 없다. 여성의 생애 동안, 정말 멋쟁이가 되고픈 아름다움을 유지하기 위한 부단한 노력이 필요하다. 외모적인 멋도 중요하지만, 내면의 인격에서 풍겨 나오는 멋이 어울리면 금상첨화가 아닐까. 세월의 흐름을 품어 조금 더 품격 있는 지식과 진실성, 지적인 감성, 겸손한 마음으로 상대를 대하는 태도에 달려있다고 본다. 살아온 환경과 마음 바탕 위 천성은, 성격을 형성하며 습관적인 태도가 만들어진다. 남을 배려하는 기본

적인 상식도 온유함에 있다.
　명품에는 상표의 가치가 있다. 장인정신이 배어있어 명품을 소유하기 위한 대가의 액수는 상상을 초월한다. 명품의 소유는 사회적 위치를 인정받고자 함이요, 물질적 풍요는 자신의 가치를 측정하는 대상이 되기도 한다. 상류층 일원이라는 자부심이 자존감을 높이는 것은, 자신만의 규칙일 수도 있다. 명품을 소유하는 것이 진정한 멋일까? 젊음의 표상을 높이기 위한 최상의 명품은 아니라도, 그 흉내를 내기 위해 가슴 조아린 시절이 나에게도 있었다. 이제는 위선의 탈을 벗고 싶다.
　사람이 세상의 안목에 집착했던 여유를 내려놓으면, 몇만 원의 금액으로 옷과 핸드백을 몸에 치장해도 푸근한 행복을 찾는다. 오천 원의 식사가 입안에 풍미를 느낀다. 이천 원의 커피에 낭만을 음미해 본다. 고착된 사고에서 벗어나 긍정적인 사고로 전환될 때, 일상의 변화를 이루게 되어 세상을 바라보는 안목이 넓혀진다. 인식(認識)의 부족함과 넉넉함도 상황에 따라서 적응의 묘미를 단련시킨다.
　나이 들어감에 따라 멋이란 단어보다 세련이라는 말이 듣기 좋은 세대다. 인생의 흔적이 쌓여 있는 여러 각도의 지식과 다양한 경험과 감각이, 자연스럽게 몸에 배어있는 힘으로 우아한 세련미가 형성된다.
　고결한 품위와 세련미가 성숙해 있다면, 내면에서부터 쌓인 덕과 인격은 행동과 모습으로 투영된다. 조용하고 잔잔한 인간미가 상대를 편안하게 해준다. 진심이 담긴 언어의 실체는, 사람의 내면(內面)을 열어 주는 열쇠와 같다. 상대를 배려하고, 포용과 이해심으로 미래를 열어가는 자는 마음 바탕이 아름답다. 친구에게 밥 한 끼 나눌 수 있는 정분은 인생에 윤택함을 선물한다.

 문학에 대한 진정한 멋은 고아(古雅)한 품위와 세련에 있다.

시어머님의 손재봉틀

신혼여행에서 돌아와 보니
시댁에 낡은 손재봉틀이 있다.

　　　　오래된 묵은 가구들이 시부모님과 함께 세월의 풍상을 안고, 묵묵히 자리를 지키고 있다. 낡음은 세월이 쌓아놓은 가치 있는 흔적들이다.
　육 개월 정도 지났을까? 시아버님 적삼과 바지를 만들기 위해, 모시를 시장에서 사서 가지고 오신 시어머님의 손끝에서 빛을 발휘했다. 하루는 딸 셋, 두 며느리 목욕 후 입을 가운을 만드셨다. 분홍 체크의 천으로 예쁘고 귀여운 가운이다. 바늘귀에 실도 끼우고, 가위로 천을 잘라 실을 귀바늘에 넣고-뒷바라지한 나도 일조를 한 셈이다.
　일곱 살 딸이 인형 옷에 단춧구멍을 내다가 손가락에 살점이 패였다. 선홍빛 피가 흘렀다. 나도 처음 보는 큰 가위를 딸이 어디서 찾았을까? 가정집에서 흔하게 볼 수 없는 가위다. 재봉사들이 사용하고 있는 크기의 가위가 아이의 팔뚝만 하다. 가윗날도 예리하게 세워져 있다. 우리 집에 이러한 가위가 있다니 믿기지 않았다. 병원에서 다섯 바늘을 꿰 맨 딸의 손가락에 훈장이 새겨졌지만, 가위에 대한 두려움이 쉽게 가시지 않았다.
　시어머님 옷 만드는 솜씨는, 재봉사를 능가하고도 남을 것 같다. 젊은 시절에는 재봉틀이 있어서 행복한 일상이었다. 사업에 몰두하신 시아버님은 늘 바쁜 나날이었다. 가족보다 주위를 더 챙기시는 성품이기에, 손님과 친구들이 항상 들끓었다. 시어머님은 시골에서 오신 손님들 시중하기에 여념이 없었다. 한 달에 들어가는 쌀이 두 가마가 들 정도로 객식구가 많았다고 하니, 아마도 여장부의 면모를 갖추신 것 같다.
 시아버님께서 늦게 오시는 날이면, 시어머님은 재봉틀 앞에서 외로움을 달랬다. 긴 밤에 그 소리는 한숨이 되기도 하고, 적막에 허우적거리는 방황이기도 했다. 처연한 고독을 바늘로 다지는 상처는, 날개를 지어 드넓은 세상을 날아다니는 꿈을 엮었으리라. 어쩌면 붉게 타들어 가는 노을 속에 어여쁜 실타래 풀어 가슴에 묻었을 것이다. 아니, 두 분의 사랑을 다져가는 원앙 베개를 만들지 않았을까. 한이 소멸하는 바람결이 되어, 시공을 초월하는 생명의 맥박이 잉태를 낳는다.
 바늘과 실이 지나간 자리는, 각각에 천이 하나가 되어 벌어지지 않는 경계선의 흔적을 남기며, 인생의 기찻길을 만들어낸다. 선로 궤도가 일치하지 않으면 기차는 이탈한다. 곧은 길, 휘어진 길, 변경되는 길, 굴곡의 험한 산과 바다를 건너 바늘은 쉼 없이 달린다. 끝까지 달리는 자가 승리하듯, 고고한 아름다움을 향해 행진한다. 시어머님과 재봉틀은 한마음이다.

'드르륵, 드르륵'

 시어머님은 곡조를 타고 떠나는 여행자처럼 보였다. 삼베옷을 만들어 가는 손놀림이 촉박하게 서두르는 눈치다. 시부모님은 건강하게 계시는데, 갑자기 가슴이 콩닥거리는 내 모습이 더 의아해졌다. 시아버님께 손수 수의를 해드리고 싶은 시어머님의 마음을 누가 헤아리기도 하듯, 사랑의 온기와 결실의 꽃을 피운 마지막 길에 정이고, 묵은 몸짓이리라.
 인생길은 소망을 안고 간다. 창밖에 맥문동 꽃을 피워 보라색 향기가 옷깃에 머문다. 얼룩진 손잡이에 때와 땀방울이 배어있다. 그 세월은 무수한 어둠과 햇살을 머금어 영혼의 소리로 들려왔다.

'드르륵, 드르륵'

 재봉틀은 고달픈 인생의 동반자가 되어, 위로와 격려를 아끼지 않는다. 겸손의 이치를 깨닫게 하고, 인내하는 법을 배우게 한다. 천 조각에서 정성과 땀과 얼룩진 눈물로 시아버님의 의복이 지어진다. 어릴 적 시누이들과 시동생 옷은 요술을 부리듯, 공주와 왕자로 변신했을 것이다. 이웃을 위해 한 올 한 올로 엮은 희생과, 사랑의 풍성한 잔치는 삶의 지혜가 주는 선물이기도 하였을 테니
 재봉틀은 세월을 먹을수록 존재에 대한 진가를 발휘한다. 오래 묵은 땟국의 그윽한 향취가 온 집안에 배어 고즈넉한 아름다움이 퍼져있다. 시어머님의 생애에 기쁨과 슬픔을 함께 나누었던 소리가 그립다.

'드르륵, 드르륵'

 밤하늘에 여운이 나래를 펼친다. 나들이옷은 무한한 꿈을 심어주었고, 수선한 옷은 추억을 연상케 했다. 산전수전을 겪은 삶이 재봉틀에 고스란히 스며져 있다.

낡음의 미학은 그 가치가 변하지 않는다. 오랫동안 써 왔던 물건에, 세월의 향기와 숨결이 고색으로 잠겨있기 때문이다, 재봉틀은 퇴색되고 바랬지만, 시어머님과 함께 지나온 날들은 소중한 기억과 추억의 산실이다.

 시어머님과 동고동락했던 재봉틀 한 대, 대를 잇는 마음으로 고이 간직하고 싶다. 시어머님의 손때, 그리고 나의 손때가 자녀들의 가슴속에 추억과 그리움으로 머물 수 있었으면 좋겠다. 시대와 시대가 어울려 하나가 될 것이다.

 애잔한 마음으로 바늘이 물결친다. 애정이 깃든 재봉틀은 언제나 그러하듯, 시어머님의 현란한 손놀림과 함께 제 자리를 지키고 있다.

디딤돌

"손가락을 많이 쓰세요?"
"네, 손을 많이 쓰지요!"

　　　　　나의 오른쪽 손가락 중지에 염증이 있어 아렸다. 이 개월이 지나서야 정형외과에 들렀다. 손가락의 모양에 변형이 왔다. 뼈는 이상이 없는데, 근육에 염증이 있단다. 작년에도 오른쪽 엄지손가락 염증 치료를 했는데, 그 염증이 사라질 새 없이 체내 세포로 돌아다니는 것 같다. 깨끗하고 맑았던 손도 이제는 그럴 것이 육십 년 가까이 제 본분을 다하고 있기에, 손마디도 굵어지고 잔주름도 생긴 것이 당연지사가 아닌가 싶다.

　결혼 후, 밥을 안치고 설거지하는 것이 이제 막 살림살이의 시작이었다. 생전 처음 게를 만져보았다. 게가 개수대에서 튀어 나가려고 발버둥을 치고, 손가락을 물려고 안간힘을 다한다. 형님이 가르쳐 준 대로 가위질해서 집게 발가락을 잘랐다.

'잉, 징그러워!'

　시어머니도 몇십 년의 살림살이 세월의 흔적이 말해주듯, 얼굴에 주름이 늘어 애잔함이 스며있다. 녹록지 않은 세월이 준 훈장이라도 된 듯, 손잔등에는 흰 눈 꽃밭이 돋아있다. 언제가 나도 세월의 흔적이 쌓이면, 시어머님의 모습을 닮게 될 것이다.

 밥을 안치는 자체도 수월하지 않다. 물 조절이 중요하다. 처음 해보는 밥은 죽 밥과 된 밥이 연속이었다. 차츰 이력이 붙어, 전기밥솥에 씻은 쌀을 넣어서 물 조절을 잘해 스위치를 누르면, 20분이 지난 뒤 김이 모락모락 피는 맛있는 밥이 된다. 전기밥솥이 없었던 시어머님의 젊었던 시대는, 시골에서는 장작불을 지펴야 하고, 도시에는 석유난로나 연탄불로 밥을 지었다. 장작불을 지피던 그 시절은, 시어머님의 한과 서러운 김이 활활 타오르는 불 속에 태웠을 것이다.

 밥을 지을 때는 밥물이 넘치지 않도록 적당한 불 조절이 밥맛을 좌우한다. 밥맛은 식구들의 건강을 염원하는 시어머님의 간절한 소망이 담겨있어-눈물과 정성의 산고를 겪게 했다. 가을의 문턱에 이르면, 콩으로 메주를 쑤어 숙성의 시간이 지나면, 간장과 된장으로 분리한다. 빨간 고추를 사서 실을 꿰어 베란다에 말려서, 일일이 하얀 수건으로 먼지를 닦아 내어 방앗간으로 가져간다. 고춧가루 일부는 고추장을 담고, 나머지는 냉동고에 보관한다.

 갓 시집온 새댁에게 먼 훗날을 준비하듯, 간장·된장·마늘·고춧가루, 쌀과 찹쌀을 두 가마씩 저장하여 일 년분 양식과 양념을 준비하였다. 살림의 지혜와 준비성을 자연스럽게 가르치시려는 시어머님의 마음을 어린 나이에 짐작이라도 했을까? 집에 오는 손님과 가족을 위해 한평생 몸을 아끼지 않으셨던-하늘보다 넓고 바다보다 깊은 사랑을-당시에 조금이라도 헤아리지 못한 아쉬움이 이제 나이를 먹으면서 하나, 둘 생각에 머물러 시어머님의 가슴에 섭섭함과 망울망울 가슴 깊이 못질을 하지 않았나! 그토록 시렸을 시어머님의 아린 가슴을 내 빈 가슴으로 쓸어내린다.

'보라, 네 어머니라(요한복음 19장 27절).'

 시어머님이 돌아가신 후, 집안에도 격변의 시대가 왔다. 간장·된장·고추장 등의 양념류는 지인이 담아서 보내주기도 하고, 깐 마늘과 빻아놓은 고춧가루는 농협에서 쉽게 사다 먹는다.
 '얼마나 편한 세상이냐!' 시어머님의 화통한 목소리가 들린듯하다. 며느리 시대는, 간편하고 편리한 세상의 혜택을 누리고 있다. 시어머님의 생전에 손이 닿은 곳은, 오는 손님의 손에 한 보따리씩 들려주는 넉넉함의 후덕이었다. 오늘날에는 정서가 메말라 자기중심의 삶으로 힘들고 지친 생활이 되었다. 그나마 낭만이 깃들어 정겹게 정을 나누며 살았던 옛 시절이 그리울 때가 종종 있다.
 장이 부패하지 않기 위해 소금을 넣듯이, 나도 세상에 찌들어진 마음을 소금으로 녹아 흐르듯, 더 낮은 곳으로 내려가 새롭게 정화되고 싶다. 세상은 사람의 마음마다 가득히 담아온 정을 나누는 행복함이 인생을 살찌게 하는 이유라 하겠다. 오늘도 가족이 겪어야 할 삶의 터전에서 갈등하고, 화합하며, 목적을 향해 부단하게 노력을 기울인 가족을 나는 별빛을 바라보며 기다린다. 싱크대 위에서 승리의 깃발을 밥그릇에 소복하게 담아 축복하고 사랑하련다.
 시어머님의 손길에도 가족을 위한 축복의 세레나데를 쉬지 않고 마음속에 읊으며 밥상에 올렸겠지. 나도 부엌에서 가족의 건강을 챙기는 쟁기가 되어 손놀림을 부지런히 한다. 쟁기는 농부가 밭갈이 때 쓰는 농기구다. 쟁기가 없으면 밭을 갈지 못한다. 밭을 갈아 씨를 뿌리고 추수하는 것이 농부 업의 사명이다. 나의 사명 길에 쟁기는, 열매를 맺기 위해 십자가의 사랑을 일구는 존재다.

'*십자가의 도가 멸망하는 자들에게는 미련한 것이요, 구원받는 우리에게는 하나님의 능력이라(고린도전서 1장 18절).*'

혼탁한 세상에 어그러진 영혼을 위해 하나님 말씀의 씨를 뿌려 결실하는 기쁨을 맛볼 때, 추수하는 농부의 마음도 감격 그 자체이리라. 시어머님의 희생과 헌신은, 자녀들에게 하나님을 섬기는 믿음의 디딤돌을 물려주셨다. 그 디딤돌을 딛고, 자녀들의 가정마다 하나님을 섬기는 간절한 열망으로 견고한 터 위에서 하나님을 향한 믿음이 더욱 빛을 발할 것이다.

비껴갈 수 없는 길목

"으~앙!"

고귀한 생명이 탄생하는 울음소리, 세상에 첫 숨을 내쉬는 순간이다. 소리 내어 울어야만 살아 있는 생명이다. 엄마의 품은 아기에게 정서적 안전감을 끼치는 빛이다. 고요한 쉼의 원천이다.

만물이 소생하는 신비함이 영혼을 경탄케 한다. 대지의 숨결에 싹이 움튼다. 거친 땅 생명체는 쉼을 통해 순리 한다.

유채꽃에 물든 들판은 풍요로운 사랑 밭이다. 노란 향기를 맡으며 신혼의 단꿈을 틔운 것이 엊그제 같은데, 반백의 귀로에서 세월의 무게에 얹어져 황혼에 젖는다.

햇살에 익어 가는 과실, 농부의 땀방울이 송골송골 춤을 춘다. 태양 아래 박 넝쿨, 소낙비 한 바가지 단맛을 자아낸다. 뙤약볕 시련의 뒤안길에 인고의 삶이 다채롭다.

슬픔과 우수에 젖은 인간의 고뇌는 삶의 흔적을 빚는다. 낙엽이 물결을 이루는 산야의 정취가-그리운 고향에도 애틋하게 수를 놓는다. 빛바랜 국화 한 송이 바람결에 떨고 있다.

119구급차 경적은 암울하다. 가슴이 서늘해지며 온몸이 경직된다. 어느 누군가 삶과 죽음의 경계선에 있다. 인생의 끝을 본다. 고통과 아픔도 저 소리에 묻혀간다. 인생의 희로애락이 눈처럼 순백하다.

 이미 숨을 거두신 시아버님을 모시고 나는 구급차에 올랐다. 나도 부모님의 운명을 초연하게 받아들이는 나이가 되었을까. 처절한 아픔이 오열하고 있다. 인간의 죽음은 누구나 피할 수 없는 자연의 섭리다. 나도 어느새 누구든지 비껴갈 수 없는 그 길목에 성큼 다가선 듯하다.

큰 별의 무궁한 꿈

소년의 꿈은 평범했다.

　　　　그는 세상을 호령하고 싶은 크나큰 포부에 대한 욕심도 없었다. 자연과 더불어 살고 싶은 소박한 꿈만이 인생의 전부였다. 흙을 밟으며, 실과의 열매를 한 아름 품고 싶은 천진함과 내면의 순수함을 그리워했다.
　선생님은 인연을 소중하게 생각한다. 귀한 만남은 큰 축복이다. 좋은 영향력을 끼치면 지대한 관심을 나눌 수 있어, 인생의 전환점이 된다. 누구나 만남의 축복을 누리는 것은 아니다. 나 역시 선생님을 뵌 것이 인생의 큰 축복이다. 이제 수필의 걸음마를 배우는 과정에서, 내면의 씨앗이 싹을 틔우려고 몸부림치고 있다.
　선생님은 인자함과 성실함, 수수함, 애절한 정이 흘러넘친다. 비밀의 정원에서 꿈꾸는 난(蘭)의 향기라 할까? 사색의 혼에 은은한 기품이 배어있다. 수필이 춤을 추게 하는 기교가 애정을 담아내는 듯하다.
　선생님은 올곧은 성격에 굳은 의지가 있다, 거칠고 황량한 수필 세계의 정의로운 디딤돌의 역할을 감내했다. 새로운 변혁을 만들고, 장르의 새 기틀을 열어, 우리나라의 문학에 독보적인 존재로 거듭났다.
　선생님에게 글 사랑은 살아온 세월만큼 인생에 환희와 격동의 시대였다. 끓는 가슴으로 생명을 사랑하듯, 글을 사랑하고 후학을 키웠다. 수필 세계에 온몸과 영혼을 불태우셨다. 수필의 불꽃은 영원히 꺼지지 않는 향연이다. 향기가 우러나는 꽃밭에서 누리는 나는, 선생님의 감미로운 시어에 놀랍도록 가슴이 저미고, 애달픈 진실 앞에 목 놓아 서러움을 삼킨다.

　수필은 삶이다. 인생의 길을 말한다. 과거와 현재와 미래를 찬란히 엮어가는 길이다. 덧없이 흘러가는 길에 수필의 대로를 열어가는 선생님에게는 꾸밈없는 청바지의 인내가 향기롭다. 청바지는 격식을 차리지 않는다. 소탈한 이미지에 활동하는 범위는 끝이 없다. 한계를 정하지 않고, 새로운 세계를 지향하며 도전하고 모험하는 개척정신이다.

　그 정신은 수필을 조화롭게 만들며, 문학세계에 신선한 바람과 발자취를 남겼다. 지혜와 인품을 갖추신 조용한 분이다. 그러나 칼같이 단호하며 추진력과 판단력, 미래를 예측할 수 있는 예지력, 웅장한 바위 같은 힘이 미래를 향한 수필 세계의 새로운 장을 열었다.

　선생님은 수필에 대한 욕망은 끝이 없지만, 욕심은 없으신 분이다. 후학을 위해 준비하신 총망라한 자료들을 자식에게 남기지 않고 사회에 기증하셨다. 수필을 사랑하는 이들에게 흔적과 뜻을 함께하는 것이 평소의 신념이었다.

　선생님은 많은 사람을 아우른다. 시대의 화합을 중요시하며, 사람의 가치를 존중한다. 고정관념은 언제나 새로운 것과 융합할 수 있기에 고즈넉한 삶의 여유는 수필이 더욱 빛나게 돋아난다.

　새로운 역사의 지평을 열어 놓으신 수필의 거목. 미수(米壽)를 맞이하신 윤재천 선생님!

　　　　큰 별은 시대를 넘어 영원한 빛을 발하리라.

야·생·화

꽃이 말한다.
"아프다!"

　　　　가위로 다음 꽃가지를 자르려 하니, 마음 한구석에 짠한 찔림이 밀려왔다. 꽃가지 허리를 절단한다는 것이 애처롭게 가련하다. 수십 번 아니, 수백 번의 가위질을 거쳐 멋진 작품으로 완성되어가는 과정은, 어떤 목표를 향해가는 인고의 고통이 따르기 때문이다
　두 귀는 열어뒀어도 들을 수 없는 꽃의 신음을 통해, 황홀감이 띄워지는-경애에 이르는 창작의 예술로 승화시킨다. 사람의 마음을 정화하며, 시각적인 아름다움과 내면의 향기와 멋을 느끼게 한다.
　꽃 자체가 풍기는 지극히 자연적 신비함이 서려 있어, 사람의 마음을 감동으로 저리게 한다. 손에든 꽃가지를 병과 수반에 꽂기 위해 온갖 기교로 모양새를 꾸민다. 꺾어진 꽃은 생명력을 잃은 것이나 다름없다. 꽃꽂이가 생활 속에 다가와 여유 한 마음으로 감상하며, 형태와 색상을 다양한 모양으로 표현함이 정서적 위안의 평온한 분위기를 연출한다.
　꽃꽂이는 종교의식이나 결혼예식장식용으로 널리 쓰이고 있다. 누구나 화색을 펴며 반기는 식물이라, 주 생활공간인 집안에서도 예술작품으로 장식된 모습을 흔히 볼 수 있다. 그만큼 최상의 여린 향기로 우리의 삶 속에 깊숙이 자리 잡고 앉아서, 우리의 심금을 깨우는 활력을 불어넣는다.
　오래전, 하와이에서 조카결혼식을 위한 꽃꽂이를 한 적이

있다. 꽃시장이 소규모라 조금은 실망은 하였지만, 거리 곳곳에 형언할 수 없는, 인간의 노련미가 담아낸 독특한 자연미 솜씨에 절로 숙연해짐을 느꼈었다.

 정열적인 꽃과 태곳적 생명을 줄곧 이어온 고목 나무의 뿌리는 흙의 기운으로 산다. 그 토질의 영향을 듬뿍 받아, 계절의 감각과 순리의 순환을 거치며 존재를 키워낸다.

 청결한 이미지를 밝은 흰색으로 나타낸 아치형 교회의 양면 벽은 문이다. 문을 열면 바로 잔디로 깔린 정원과 마주하게 된다. 예배 시간에도 문을 열어둔 채라, 교회 안과 잔디 정원 간에 흐르는 기묘는 일체감이다. 탁 트인 정원 편에서 불어오는 상쾌하고 감미로운 공기는, 마치 성령의 미세한 음성이 속삭이는 듯, 심안(心眼)이 촉촉이 적셔진다.

 결혼식에 쓰일 여러 꽃 색상을 이리저리 대조로 맞춰가며 사방형으로 꽂았다. 화려하고 순박한 꽃들의 잔치가 펼쳐졌다. 꽃 종류는 열대류 식물들이다. 그 종자 다양해서 색다른 경험을 할 수 있었다. 백장미로 신부 부케도 갖추었다. 서양의 문화를 직접 체험하고, 꽃꽂이를 할 수 있는 계기를 맞아 인상 깊었던 추억, 아직도 기억에 아로새겨져 있다.

 성전 꽃꽂이는 예배받으시는 하나님께 드리는 향연이다. 절기 때마다 꽃 소재를 다르게 장식한다. 부활절·추수감사절·크리스마스 계절에 나오는 꽃 중에 절기 분위기와 가장 잘 어울리는 꽃들로 축제 분위기를 한껏 띄운다.

 누구든 할 수 있으면서도 선뜻 나설 수 없는 꽃꽂이는, 사명과 보람과 즐거움을 함께 안겨준다. 가위질이 수단이지만, 애잔한 희생을 통해 사방으로 퍼지는 꽃의 향연과 자연의 순수는 극치에 달한다.

작품의 소재를 선택하고, 어떤 모양새로 꽃꽂이할지는 전적으로 가위를 든 담당자의 손길에 달려있다. 이때면 하나님께 드리는 기도는 더더욱 절실해진다. 완성된 작품으로 인하여 환희와 즐거움이 되는 것이 감사할 따름이다. 강단에 놓인 향기 짙은 소담한 꽃을 마주 보며, 성도들은 평안의 기쁨으로 보좌의 하나님께 영광 돌리는 예배에 임하게 한다.
 꽃꽂이로 신앙이 보다 성숙하는 계기가 되어, 하나님과 친밀을 맺고 싶다는 소망이 부쩍 자라는 시기가 이때이다. 당신의 사랑과 선하심만이 인도할 수 있는 버거운 일이다. 이토록 하나님께 봉사할 수 있는 은사와 재능을 주신 고마움. 주님께 쓰임 받는 자녀가 되길 바라는 기도를 멈출 수 없는 무릎으로 보답을 드리게 된다.
 온실 안에서 피고 자라는 꽃 역시도 야생화처럼 아름답기 그지없다. 형형색색의 옷을 입은 꽃들은, 사람의 온기와 정성이 깃들어 있다. 시들해지면 잎을 따주고, 수분이 부족하다 싶으면 물로 촉촉하게 적셔도 생기가 살아난다. 뿌리를 묻은 흙에 온갖 영양분을 주는 두꺼운 보호를 넘어, 적정한 공기와 따사한 햇볕을 받게도 하면서 시시때때로 바람과 추위도 막아 주니, 그야말로 어머니의 따스한 손길의 보살핌이 듬뿍 넘치는 애정이 아닐 수 없다. 성질이 순해지면서 믿음의 향수가 그윽이 밝아온다.
 온실 안의 꽃은 항상 온화한 품속에서 지내기에 비바람과 세파를 전혀 겪지 않은 꽃들이다. 온실 안에서 자란 굴곡 없는 인생이라면, 이 세상 풍파를 어떻게 이겨나갈 수 있으려나-세상 이치와 견주어 생각하니, 꽃봉오리가 피고 지는 자태가 직립보행을 하는 우리의 모습과 흡사 닮았다.

꽃을 사랑하는 사람의 마음은 꽃보다 더 진실한 아름다움이 있다. 척박하고 험준한 계곡 바위틈의 산과 들에서 피어나는 이름 모를 꽃을 나는 사랑한다. 사시사철 언제나 그 자리를 지키며 변화무쌍한 기후를 쉼 없이 견디는 속에서, 햇볕과 비바람을 모질게 맞아가며 생존을 피워 내는 꽃들이다. 그 이름은 야·생·화라 부른다.

흙은 하나님으로부터 지음을 받은 모든 생물이 장차 돌아갈 본질이다. 깊은 암흑 속에서 생명을 순환하는 숨결이 요동치고 있다.

영혼은 자유를 누리는 방랑자다. 방황 길에 뿌리를 내리지 못한 나그네의 탄식이, 메아리가 되어 귓전으로 다시금 흘러든다. 인생의 거센 파도가 밀려드는 시련의 환란을 맞을지라도, 인고를 딛고 반석 위에 우뚝 서는 인생은 의롭다.

나에게도 지나치는 누군가의 발길에도 쉬 밟히는 절망 가운데서도 오뚝이처럼 다시 일어나는 소망을 잃지 않고, 굳건하게 존재를 지켜내는 삶을 살아보련다. 지나가는(이름 모를) 눈길과 마주하는 야생화는 기쁨과 사랑의 은덕을 전하는 곱고 고운 심성으로 피어나라. 보살핌이나 도움 없이 지고의 사랑을 피울 수 있을 것 같은-가련함을 머금은 순결.

야생화의 자력이 뿜어내는 의지와 생명력은, 늘 격정과 다투는 꽃을 피우고 있다. 그래서 더더욱 신비하게 아름답다 아무도 야생화를 찾아 주지 않아도, 외로운 길녘을 지켜야 하는 등불이며 파수꾼이다. 돌부리에 걸려 넘어지거나 세상에서 버림을 받을지라도, 순전함과 연민의 정으로 굳게 일어나라.

야생화의 입술에 새벽이슬 머물려 은밀한 향수로 대지를

덮는다. 돌풍에 흔들릴지라도 두려워하지 않는 외침으로 천지를 울려라. 생명의 빛이 일순 바라져도, 그 남은 한 줄기 생기로 모종의 씨앗이 썩어야 비로소 뿌리를 내리는 그 숭고 정신 바람결에 날려라.

 야생화는 지치고 험난한 길을 헤치며, 새로운 생명력으로 광활한 대지를 가슴에 품는다. 나도 걸어 온 가시밭길 상처 투성인 지난날들을 돌아본다. 아련한 아픔의 가시를 세월의 흐름에 묻어버리고 해산의 아픔을 딛고, 햇볕을 머금은 빛의 여정으로 들어간다.

 다시 태어나는 질고의 야·생·화는 끈질긴 생명의 꽃으로 비상하리라

발 달린 보석

　　　　　　　시누이 집에서 보름 오곡밥을 먹고 집에 도착했다. 대문이 열리지 않는다. 낭패한 일이 우리 집안에서 일어났다는 예감이 들었다. 경비원에게 도움을 요청했더니, 비상계단으로 출입하여 문을 따고 들어갔다. 대문을 열어보니, 소파로 대문을 막아놓고 방마다 난장판을 벌여놓았다.
　결혼할 때 받은 예물을 화장대 서랍에 고이 간직되어 있었지만, 열쇠를 따고 침입한 도씨 성 가진 손님이 패물을 다 가져갔다. 쓰나미가 쓸고 간 듯, 싹쓸이하고 발자국도 남기지 않은 채 사라졌다. 화장실에 있는 서랍이 나만의 비밀장소인 듯, 시계는 잘 간직되어 있었다.
　낮에 경비원의 눈길이 마주쳤을 때, 평소와 달리 예사롭지 않은 눈빛을 감지했지만, 대수롭지 않게 생각하고 시누이 집으로 오곡밥을 먹으러 갔었다. 경비가 항시 대기하고 있는데, 도둑이 들어온 것을 이해할 수 없는 일이라고 아파트 관리소장에게 말을 건넸다. 소장은 직원을 옹호하고 있는 듯했다.
　나는 밤마다 통곡하고 무서운 생각에 잠을 이루지 못한 날들이었다. 며칠이 지나서 앞집에도 도둑이 들었다. 보석과 액세서리를 함께 두었는데, 보석만 골라서 가져갔다고 한다. 경찰도 왔지만, 단서를 잡지 못했다.
　아이들 초등학교에 입학하면, 멋을 내기 위해 치장을 해야겠다는 기대감이 싹 사라져 버렸다. 얼마 후 경비원은 사표를 내고 자취를 감추었다. 들려오는 소문에는 부인의 건강이 좋지 않아 병원 치료비 때문에 걱정이 많았다는 이야기가 들렸다. 마음 아픈 사연이었지만, 남의 소중한 물건을 가져가서 필요한 곳에 써도 양심은 있지 않을까 싶다.

나의 결혼예물이 빛을 보지도 못하고, 추억과 사랑이 송두리째 날아갔다. 보석이 그 부인 병원비를 대신하였다면 낮은 곳에 다함의 은혜가 넘치리라. 비록 경비원의 행동은 정당한 방법은 아니었지만, 얼마나 피를 말린 고통이기에 순간의 선택은 보석을 잃어버린 자의 슬픔을 경험하게 하고, 포기하기까지 마음의 허전함이 도사리고 있었다.

우리는 이웃의 아픔을 모른 채, 또 알고 싶지도 않은 채 숨을 죽이고 산다.

보석을 잃어버린 햇수가 30여 년이 지난 어느 날, 지인이 귀한 목걸이를 나에게 선물했다. 진심 어린 감사와 감동을 담은 에메랄드 십자가 금목걸이, 각이 선 쪽에는 작은 다이아몬드가 촘촘히 박혀있다. 내 품에 안착하여 품위와 아름다움으로 빛을 드러내고 있다.

"목걸이 정말 멋져요."
"목걸이 디자인이 특이해요."
"목걸이 너무 아름다워요."

나를 우쭐하게 만들고, 보란 듯이 목에 힘주고, 꼿꼿한 깁스 목이 꺾일 줄 몰랐지. 검은색 옷이든, 베이지색 옷이든, 목걸이로 인하여 품격이 살아났다. 내 소유가 되어 행복을 노래했지. 집에서도 가끔 내 속내를 시험 삼아 목걸이를 꺼내어 흐뭇한 미소를 짓고, 미묘한 눈짓을 건넸다. 몇 년을 내 곁에서 멋과 풍요함으로 기쁨을 준 그 보석이 어느 날 안개처럼 사라져 버렸다.

 화장실에 있는 서랍장에서 화장대 서랍에 옮긴 것이 실수였을까? 속을 끓이며 서랍이란 서랍을 다 뒤져도 행방이 묘연했다. 목걸이를 준 지인을 생각하니, 내 마음 편치 않은 심사로 미안함과 근심 우울함. 발 달린 목걸이 다른 주인을 찾아 떠났나? 내려놓지 못한 아쉬움, 꺾인 목포기하고 체념하니 순수한 옷 단장 혜안이 싱글 하게 가슴을 적셔낸다.

반포천 야옹이

 사랑하는 나의 보금자리, 인자하신 아주머니가 종이상자를 가져와서 담요를 깔아 주었다. 산책하는 길에 물과 먹이를 하루도 거르지 않고 챙겨 준다. 반포천에 터전을 잡은 지 이 년이 되었다. 눈이 많이 내리는 추위가 닥쳐오면 이 겨울을 잘 견딜 수 있을지 걱정했는데, 이제는 따뜻한 평온을 누리고 있다.
 어느 따스한 날 화단에서 햇볕을 쬐고 있는데, 잡종 개를 데리고 산책을 나온 아주머니가 나를 보더니, 산책로 아래 반포천에 있는 오리가 보이지 않는단다.

 "야옹이가 오리를 다 잡아먹었지?"

 내 가슴이 콩닥콩닥 뛰어서 어찌할 바를 몰랐다. 참으로 기가 찰 노릇이다. 잡종 개를 데리고 온 주제에 무엇을 안다고, 반포천에 누가 어떻게 살고 있는지 알기나 할까 큰 소리는… 산책 나온 사람들의 표정이 잡종 개 아주머니 큰 소리에 동조하는 기색은 보이지 않고, 오히려 나의 눈치를 살피고 있는 것 같다. 나는 그 자리를 박차고 일어나서 아니라고 외쳤다.
 추운 날, 피천득 선생 동상에 따뜻한 목도리를 목에 둘러봐 드렸냐고요. 아니면, 나에게 관심을 가지고 물 한 잔을 갖다

준 적이 있기나 하나요. 아주머니도 진정으로 오리를 사랑하나요? 나는 깊은 마음으로 오리가 좋았답니다. 사랑하는 가족과 헤어진 슬픔을 가누지 못한 채 눈물을 흘리며, 나도 오리가 되어가는 착각이 들 때는 행복에 겨워 물가에서 오리들과 같이 헤엄치고 날아다니고 싶은 마음을 잡종 개 아주머니가 알기나 하겠어?

 내가 오리를 잡아먹었다는 흔적을 찾아 증거 확인이라도 했나. 사람은 이렇게도 의심이 많아서 입에서 나오는 데로 나에게 말을 함부로 해도 되는 줄 아시나 봐. 잡종 개 아주머니, 아래 물가에 가보기라도 하셨나요. 쌍쌍이, 또는 어미와 새끼들이 행복한 일상을 보내고 있는 오리 둥지를 확인해 보세요. 나를 죄인 취급한 것이 양심에 꺼려 잠이나 잘 주무실까.

 이 밤, 달님-별님이 내 따뜻한 보금자리를 비추고, 나는 잡종 개 아주머니를 용서하고, 오늘도 온정을 베풀어 주신 아주머니의 손길을 축복해요.

회오리바람

  늘 그러하듯이, 눈을 뜨면서 변함없이 받아들인 일상이 혼란의 바람을 타고 대지를 흔들고 있다. 다채했던 지난날들, 새장 속에 갇혀 숨소리조차 침묵하고 '코로나19'는 전 세계에 회오리바람이 되어 두려움과 공포에 떨게 하고, 생명을 위협하는 혼돈의 시대로 몰아내고 있다
 세계는 하나라고 외치며 분주했던 일상들이 지금은 어디에 숨었을까. 이 세상에 안전지대는 존재하지 않듯이, 카멜레온 홈에서 나약한 인간의 일상이 낙조의 몸부림으로 혹한에 숨을 멈춘다.
 너와 나 사이에 형태가 없는 울타리 굴레에 휩싸여 서로를 불신하며 불안하게 일렁이는 얼굴을 마스크에 감추고 심신을 떠는 인류.
 부모의 시신 앞에 예를 다하지 못한 자식들의 통곡이, 산 중턱에 걸려 하늘길마저 한이 서렸다. 평온의 세상은 화장의 열기에 타들어 간다.
 어제가 오늘이 될 수 없듯이, 지난날이 이토록 사무치게 그립다. 보고 싶은 얼굴들, 소중한 인간애의 가치가 무엇인지 그 의미를 절실하게 깨닫게 한다.
 환한 미소 머금고 내 곁으로 다가오는 힘찬 발걸음, 서글피 울던 나를 일으킨다.

내 마음 알지

"개를 어디에 숨겨놓았어요?"

　　　　　나는 도끼를 들고 옆집으로 달려가 미친 듯이 개를 달라고 아우성을 질렀다. 눈물이 앞을 가리고 도끼로 마당을 찍으면서 울부짖었다. 개를 돌려주지 않으면 가만히 있지 않을 것이라고 했다. 개는 보이지 않는다. 옆집 아저씨는 아무 말도 하지 못한 채, 예상하지 못한 나의 행동에 기가 질렸다. 개를 찾지 못한 빈손으로 집으로 돌아왔다. 대성통곡하며 밥도 먹지 않고 엄마만 원망했다.

　마당이 넓어서 개 한 마리를 키웠다. 삼 년이 거의 될 무렵, 옆집 아저씨가 엄마에게 여러 차례 개를 달라고 졸라댔단다. 엄마가 외출하고 집에 돌아오니 개가 보이지 않았다. 오빠가 들려준 이야기로는 아저씨가 개를 보신탕집에 팔았다는 것이다. 어린 나이에 개를 키운 정은 말로 표현할 수 없을 정도였다. 나는 그 이후로 개를 키우지 않고, 티끌의 정도 주지 않기로 매정함을 씹었다. 이 참담한 사건을 초등학교 때 겪었다.

　딸아이가 초등학교 등하굣길에 동물병원이 있어, 늘 그 병원에서 한 시간쯤 놀다가 온다. 강아지를 키우고 싶은 간절한 마음에서 여러 종류의 강아지와 교감한다. 내가 절대 강아지는 우리 집에 키울 수 없다고 선언하였기에 동물병원이 놀이터가 되어 있었다.

　어느 날, 지인에게서 전화가 왔다. 아주 좋은 품종의 개가 있으니 키워 보란다. 털도 잘 빠지지 않고, 아이들 정서에도 좋을 거라는 말을 덧붙였다. 나는 탐탁지 않아 개를 키우고 싶은 마음이 없다고 거절하였다. 옆에서 듣고 있던 딸이 개를 키울 기회가 왔다 싶어 나에게 설득하고 조르고 안달이 났다. 그 뒤로 몇 번 더 전화를 받았다. 딸도 눈만 뜨면 개를 키우자고 아들과 합세해서 보챈다. 압박까지 가했다. 공부도 하지 않고, 밥도 먹지 않는단다. 자식 이기는 부모 없다는 말이 실감이 났다. 개를 데리고 오면 엄마가 신경 쓰지 않게 밥과 대소변과 산책을 책임진다고 약속하였다.

어느 날 지인이 개를 데리고 왔다. 예쁜 강아지도 많은데, 하필 검고 짧은 털에 가늘고 긴 다리를 가진 두 살짜리 미니 핀이다. 개도 어린애를 좋아하는지, 딸이 집에 있으면 잘 논다. 딸아이가 학교나 학원에 있는 시간에는 두렵고 불안한지, 딸아이 방 앞에서 떨고 있다. 환경이 바뀌어서 안정을 찾지 못해 두리번거리고, 눈에 힘도 빠져있었다. 나는 강아지에게 별로 신경을 쓰지 않았다. 그만큼 정이 식은 반증이었다. 그러나 아이들이 외출 시 금방 돌아오는 것은 아니었다. 강아지 밥이나 대소변도 내가 직접 챙겨야만 했다. 대소변도 가리지 못해 방마다 저질러놓고, 손님이 오면 짖고, 손님이 일어서면 놀랄 정도로 뛰어가서 짖는다. 도저히 아파트에서 키울 수 없을 것 같다.

나는 아이들에게 양해를 구하고 지인에게 전화를 걸었다. 죄송하지만 개를 키울 수 없다고 했다. 강아지를 주인집으로 보낸 후 시원섭섭한 감정이 들었다. 털을 만지고 싶지 않아 솔로 빡빡 문질러 목욕시켰다. 대소변을 가리지 못해 회초리로 때리고 야단도 많이 쳤다. 보름 동안 집에서 불안한 상태로 야단만 맞고 주인에게 돌아간 셈이다. 좀 미안한 생각은 들었지만, 기분은 홀가분했다.
 이십 일쯤 지났을까? 지인에게서 또 전화가 왔다. 주인집에서 강아지를 학대하는 것 같아 안타깝기 그지없단다. 다시 키울 생각을 하란다. 우리 집에서 구박만 받고 주인에게 갔는데, 아직 거처가 정해지지 않았다니 처한 상황이 딱하고 불쌍한 생각이 들었다. 나는 정말 큰마음을 먹고 데리고 오라고 했다. 내가 어릴 때 옆집에서 데리고 간 개가 불현듯 생각이 났다. 불쌍하고 가여운 것이, 이별을 겪은 슬픔의 상흔 아직 남아 있었다. 그때의 응어리가 눈에 선하여 모든 개를 외면하였다.
 다시 강아지가 집으로 돌아왔다. 처음보다 활발해진 모습이다. 대소변도 가렸다. 그동안 얼마나 혹독한 훈련을 받았을까? 내 마음이 짠한 울림이 왔다. 이름을 초롱이라 부르기로 했다. 겁도 없이 크게 짖는 목소리는 여전하였다. 이웃에게 폐를 끼치게 되어 걱정이 이만저만이 아니었다.
 나는 직접 손으로 문질러 목욕도 시키며, 밥도 잘 챙겨 주고, 하루 두 번 산책도 빠트리지 않았다. 초롱이도 이제야 제집을 찾은 듯, 안정이 되어 가는 모습이다. 아이들이 직접 챙겨야 할 약속들은 물거품이 되어버렸다. 이제는 나의 몫이 되었지만, 정을 붙인 싹이 조금씩 자라 봉오리가 예쁘게 피어날 것만 같다. 아이들보다 나와 교감이 더 통하는 걸 보니, 우리는 한마음인 듯하다.
 항상 내 곁에서 맴돌고, 외출할 때는 몇 시간이나 대문 안에서 기다리다가 나를 보면 쏜살같이 달려온다. 반갑게 맞이하는 그 마음을 어디에도 견줄 수 없을 것 같다. 손님이나 가족이 장난친다고 나를 때리는 시늉을 하면, 내 몸을 해치나 싶어 상대방을 꼼짝하지 못하게 으르렁대었다. 초롱이의 행동은 의리와 사랑의 증표이듯, 주인을 보호하고 싶은 순수한 마음의 표현일 것이다.

 암컷이라 병원에서 수컷과 교배를 시켰다. 시간이 지나서 배가 점점 불러왔다. 구토도 하고, 입맛이 없는지 잘 먹지 못하고, 졸고 있는 시간이 많았다. 북엇국과 고기도 챙겨 먹였다. 병원에 가서 진찰받은 결과 가상 임신이란다. 초롱이에게 가족을 만들어 주고 싶었는데, 초롱이가 외로울 것 같다.

 남편과 홍콩에 여행을 떠났다. 전혀 상상할 수 없는 일을 겪은 엉뚱함은, 거리의 사람들이 다 초롱이로 보인다는 환상이었다. 아이들은 생각나지 않고, 내 마음은 초롱이 곁에 머물고 있었다. 속으로 초롱이를 얼마나 불렀는지, 집에 전화를 걸어 초롱이를 바꿔 달라고 했다.

 "초롱아! 엄마야, 사랑해."

 아이들은 잘 있을 것이라 믿고, 통화를 하지 않았다. 친정어머니가 돌아가셨다. 시집살이라 시어른들을 항상 먼저 챙겼다. 친정어머니는 연세도 더 많으신데 잘 챙기지 못했다. 돌아가신 후에 마음이 찢어질 것 같은 죄책감에 사로잡혔다. 남편이 슬픔에 쌓인 이 마음을 알까? 사춘기를 겪고 있는 아이들이 내 마음을 알까? 초롱아! 너는 내 마음 알지? 초롱이도 슬픔에 잠긴 눈망울 속에 이슬이 맺혀 근심 어린 얼굴로 나를 응시하고 있다. 누구보다 초롱이의 위로가 큰 힘이 되어 견딜 수 있었다. 초롱이의 눈은 해맑다. 거짓 없는 순수성 그 자체를 사랑했다.

초롱이 나이가 15살이 되었다. 병이 생겨 나에게 근심을 끼쳤다. 당뇨라 물을 자주 먹고, 배에 암이 커지고 있었다. 건강 상태가 좋지 않아 병원에 갔더니 대학병원으로 가란다. 시티촬영을 한 결과 암이 전이되어 회복이 어려우며, 통증으로 견디기 힘든 상태라 안락사를 권했다. 동네 의사의 소견도 일치했다. 남편의 의견도 찬성편이었다. 고통을 겪는 것보다 편안하게 보내자고 한다.

나는 대학병원 의사들과 남편의 의견을 듣고 결정을 내렸다. 초롱이가 나의 목소리를 듣고 얼굴을 내밀어 "엄마, 나는 아파도 참을 수 있어요. 엄마 곁에만 있게 해주세요."

"초롱아, 미안해. 엄마 마음 알지?"

눈망울 속에 이별의 아픔을 담아, 이제는 이 세상을 홀로 떠나야 하는 심정이 통곡으로 다가왔다. '하나님, 초롱이만은 천국으로 인도해 주세요' 하나님의 섭리를 거역하는 어리석은 기도를 눈물로 드리고 있었다.

초롱이를 안락사로 보내고, 후회하지 않으리라는 다짐을 굳혔다. 화장하는 곳에서 투박한 판지로 만든 상자를 병원으로 가지고 갔다. 노란 소국으로 원을 만들어 뚜껑 위에 부착시켰다. 뚜껑을 열어보니, 우리 초롱이가 너무나 편안한 자세로 잠에 취해 꿈을 꾸는 듯했다. 그날은 눈이 펑펑 내렸다. 딸과 함께 떨구는 눈물은, 눈발이 되어 흩날리는 듯했다.

그날 밤 꿈에 초롱이가 빛의 속도로 달려와 우리 집 대문 앞에 있었다. 내가 문을 열었다.

"초롱아, 먼 곳에서 어떻게 집을 찾아왔니?" 초롱이는 아무 말 없이 얼른 집으로 들어왔다.

'인생들의 혼은 위로 올라가고, 짐승의 혼은 아래 곧 땅으

로 내려가는 줄을 누가 알랴(전도서 3장 21절).'

초롱이를 화장(火葬)하고, 평소에 뛰어놀던 나지막한 언덕 위에 재를 뿌렸다. 그 세월이 흐른 지금도 난 안락사에 대해 의문스럽다. 초롱이에게 옳은 선택이었는지 나에게 되묻곤 한다. 초롱이가 나를 원망하지나 않았을까?

'끝까지 함께하지 못한 엄마가 늘 미안해하고 있단다. 한동안이나마 초롱이와 함께 지냈던 세월이 꿈결 같았어. 엄마 마음 알지.'

1과 12 사이는

　　　　　　생명의 탄생은 숫자로부터 시작하며, 죽음의 끝자락도 숫자로 종결된다. 1은 처음 시작하는 숫자이며, 12는 완전한 숫자다. 시곗바늘은 1과 12안에서 빠름과 느림 없이 규칙적이며 연속성을 가지고 있다. 이 기이한 숫자 안에 유한한 삶이 존재하며, 인생이란 틀 안에서 생각이 확장되고, 공간을 초월하여 무한한 세계를 꿈꾸며 지향하는 영혼의? (개체)다. 시계 돌아가는 소리는 마치 사람의 심장이 멈출 수 없듯이, 변하지 않는 순간적 진실의 가치가 녹아 있다. 고귀한 생명의 한계를 뛰어넘을 수도 없지만, 시계의 울림은 예측할 수 없는 미래를 향해 생명을 단축하는 연결고리며, 제한적인? (개체)이다.

　하루 24시간 안에 1과 12로 오전과 오후가 분리되고, 열두 달이 순환하면 세월이라는 거대한 산이 이루어지고, 바다와 같은 막막대해로 펼쳐진다. 손에 잡히지도 않고, 손바닥 안에 고이 담지 못하는 물이랴!

　형태와 모양도 없이 세월을 담은 인생의 그릇이, 추억과 후회의 물살을 가로 저어 미로의 터널을 벗어버린다.

　1과 12는 단순한 숫자가 아니라, 그 속에 세계와 우주를 품고 세상을 살아가는 삶의 용액이 응집되어 있다. 희망이 날개를 펼쳐 이상을 만들며, 미래를 지향하는 삶의 열정이 기이하고 경이하다. 영원성을 인식하는 것은 영적인 삶이다.

12월의 기적

　　　　12월이 다가오면 마음부터 분주해진다. 징글벨 소리가 들려오고, 형형색색의 트리는 멋진 환상의 세계로 달려간다.
　크리스마스라는 말은 그리스도, 즉 메시아라는 뜻이다. 그리스도의 탄생을 축하하고 예배하는 날이라는 의미이며, 성탄절이라 부른다. 동방박사 세 사람은 별의 인도를 받으며 누추한 마구간에 도착했다. 그곳은 가브리엘 천사의 예고대로 아기 예수의 베들레헴 탄생지였다. 동방박사 세 사람은, 장차 인류의 구원자가 될 아기 예수께 황금과 유황과 몰약을 예물로 드리며 경배했다.
　예수님의 이 땅 탄생은 세상을 사랑하시는 하나님의 예표이다.(요한복음 3장 16절). 그 예수를 믿는 자마다 멸망치 않고 영생을 얻게 하려 하심이다, 라는 속성을 안고 있다. 그 의미를 되새기며 예수님을 높이는 성탄절이 됐으며 하는 바람 높다.
　예수님은 생명의 근원(시편 36편 9절)이시다. 우리 삶의 주관자이시며, 인류의 죄를 사하시려 십자가의 고통을 당하셨고, 그 사흘 만에 부활하신 후 하늘로 승천하셨다(마태복음 28장 6절). 특명의 완수였다.
　우리의 삶에서 이 기쁜 소식은, 영생이 보장되는 복음을 받아 누리는 것이다. 복음은 만인이 그리스도가 하나님의 아들이라는 사실을 믿음으로 받아들인다면, 무엇과도 바꿀 수 없는 하나님의 축복이 임하는 인생이라 할 수 있다. 저마다 자유의지로 경배의 대상을 정하기도 하지만, 자기 자신을 믿음의 대상으로 삼는 자도 허다하다.

 인간은 영혼이 있는 존재이기에, 그 영혼이 거처하는 곳으로 가야 한다. 영혼이 거처하는 곳은 단 두 군데밖에 없다는 사실이다.

 삶의 현장에서도 천국과 지옥을 경험한다는 말을 들을 수 있다. 일시적이며 순간적인 상황에서 느낄 수 있는 경험이라 할 수 있겠지만, 진정 우리의 영혼은 천국과 지옥을 망각하며 살아간다.

 한 치 앞도 내다보지 못하는 우리는, 언제 어떤 죽음을 맞이할지는 자신도 모른다. 예측할 수 없는 황망함을 당하더라도 끊임없는 평소의 기도로 하나님과의 돈독한 영적 교재를 지켜나가는 것이 삶의 지혜라 할 수 있다. 예수님이 구세주라고 믿는 자는, 죽음 앞에서도 굴하지 않는 본심을 나타낸다. 생명조차도 내려놓을 수 있는 초연을 볼 수 있다. 안색 표정도 밝게 평온하다.

 이 세상의 삶을 유지하면서 현실적이며-세속적 가치관이 중요하다고 믿는 사람들도 있다. 권력과 재물-학식도 인생살이에서 큰 힘이 되지만, 하나님으로부터 택함(요한복음 15장 16절)을 받은 성도라면, 그 삶의 목적이 하나님께 속해있어야 한다. 순탄하지 못한 상황에서 방황으로 헤맬지라도 '범사에 하나님을 인정하는(잠언 3장 6절)' 은총의 귀중으로 다시 일어날 수 있는 용기를 가져야 한다. 지존하신 하나님과 동행한다는 믿음이 있으면, 사랑의 예수님께서 허물을 감싸 주시고 용서하시기 때문이다.
 성탄절이 되면 세상은 온통 축제 분위기에 빠져든다. 한해 마지막 달력이 후회와 안타까움이 교차하며, 새로운 한 해가 물밀듯이 온다. 과거에 상처를 준 자들을 용서하지 못하는 어리석은 치졸함도, 치유를 받는 것도 성령님의 인도하심이다(마태복음 1장 12절). 용서와 잊어버리는 은혜를 주시기 때문이다.
 12월은 나의 삶을 돌아보는 기회도 가질 수 있다. 육신의 연약함도 강건했으면 좋겠지만, 더 큰 질병을 물리칠 수 있도록 기도의 그릇을 간절히 채우는 것이다. 기도의 힘과 능력을 체험하는 일은, 신앙의 비밀에 속한다. 환란을 만날지라도 피할 길을 주시고, 육신에 아픔이 올지라도 의사를 통해 치료의 길을 열어 주시며, 쾌유할 수 있는 은혜가 감사할 뿐이다.
 '내 이름을 경외하는 너희에게는 공의로운 해가 떠올라서 치료하는 광선을 비추리니, 너희가 나가서 외양간에서 나온 송아지같이 뛰리라(말라기 4장 2절).' 항상 때를 따라 돕는 은혜를 사모하는 울림이다.
 나는 성경 구절 중에 이 말씀을 가슴 판에 새긴다.
 '근심하는 자 같으나 항상 기뻐하고, 가난한 자 같으나 많은 사람을 부요하게 하고, 아무것도 없는 자 같으나 모든 것을 가진 자로다. (고린도후서 6장 10절)'
 사람에게 근심이 끊임없이 닥쳐오는 것은 생명의 연장선이며, 삶에 대한 집착을 부여받은 사실이기도 하다. 한 가지 문제 해결이 되었다고 해도, 근심과 걱정이 반복되는 자연적인 현상이다. 근심을 이성적으로 물리칠 수 있는 과감한 용기가 우리에게 필요한 상황이다.

사람이 예수님을 믿으면 환란 가운데서도 소망을 잃지 않게 된다. 고난 가운데도 기쁨과 감사를 할 수 있다. 물질적 가난은 심신을 연약으로 밀어 넣지만, 물질이 풍족해서 많은 혜택을 누리는 자도 근심은 있게 마련이다. 풍족하지 못한 환경인데도 불구하고, 주위를 돌아보며 사랑을 베푸는 선행인들은 진정 마음이 넓은 사람이며(고린도후서 6장 11절), 세상에서 누리는 최상의 여건에 탐욕과 탐심을 내려놓은 자들이다. 그들은 세상을 초연하게 바라보며, 사심을 품지 않는다. 즉, 세상을 다 가진 자나 다름이 없다.

현대는 빠르게 새로운 것을 추구하며 요구한다. 옛것을 말살하기도 하고, 도태해 버리기도 한다. 미국의 12월의 인사는 메리 크리스마스다. 예수님의 탄생을 즐겁게 예배하자는 뜻이다. 그러나 언제부터인가 해피 홀리데이로 부르고도 있다.

한 해를 보내는 기분이 갑자기 센티(감상)를 느낀다. 지나온 삶들이 필름이 돌아가듯, 형언할 수 없는 슬픔이 내면을 짓눌러 버리기도 하고, 때론 기쁨으로 위로받은 순간들을 누리기도 했다. 하나님은 나의 슬픔과 기쁨에 동행하시고 주관하시는 놀랍고도 아름다운 인격을 가지신 분이다. 하나님의 은혜는 순간을 넘어서 구원의 진리로 환희에 찬 우리의 삶을 영원히 통치하고 계신다.